C.H.BECK WISSEN

Die Kultur des antiken Griechenland war stark von Bildern geprägt. Werke der Bildkunst waren fest in die zentralen Bereiche der Lebenswelt eingebunden: Sie fanden sich in den Heiligtümern und Tempeln, auf öffentlichen Plätzen und Gräbern und auf Gefäßen und Geräten, wie sie in den Wohnhäusern verwendet wurden. Diese meisterhafte Einführung stellt die Entwicklung der griechischen Kunst von der Entstehung der griechischen Stadtkultur bis in die Zeit des Hellenismus dar. Dabei zeigt sie, welche Rolle die verschiedenen Themen und Formen der Bildkunst für die griechische Kultur spielten.

Tonio Hölscher ist Professor em. für Klassische Archäologie an der Ruprecht-Karls-Universität Heidelberg. Er hatte zahlreiche Gastprofessuren in Europa und den USA inne. Zu den Schwerpunkten seiner Forschung gehören griechische und römische Staatsdenkmäler, griechische Mythenbilder und der antike Städtebau.

Tonio Hölscher

DIE GRIECHISCHE KUNST

C.H.Beck

Mit 84 Abbildungen, davon 11 in Farbe

1. Auflage. 2007
2., durchgesehene Auflage. 2015

3. Auflage. 2022

Originalausgabe

www.chbeck.de
Reihengestaltung Umschlag: Uwe Göbel (Original 1995, mit Logo),
Marion Blomeyer (Überarbeitung 2018)
Umschlagabbildung: Athena, Terrakotta-Kopf aus einer Gruppe mit dem Kampf der Göttin gegen einen Giganten, Giebelbekrönung, wohl von einem Schatzhaus. 500–490 v. Chr. Olympia
Satz: Fotosatz Amann, Memmingen
Druck und Bindung: Druckerei C.H.Beck, Nördlingen
Printed in Germany
ISBN 978 3 406 76849 1

myclimate
klimaneutral produziert
www.chbeck.de/nachhaltig

Inhalt

I

Bildwerke und Lebenswelt

1. Leben mit Bildern

Die Welt der Griechen war voller Bilder. Wenn ein Besucher sich einer Stadt näherte, war die Straße z. T. über lange Strecken dicht von Gräbern mit großformatigen Bildnisstatuen und Reliefs der Verstorbenen gesäumt. Im umgebenden Territorium wie innerhalb der Stadtmauern traf er auf größere und kleinere Heiligtümer mit Kultbildern von Göttern und Heroen; die Tempel waren oft mit reichen Skulpturen in Relief geschmückt. Viele Heiligtümer bargen zahllose Bildwerke als Weihgeschenke: große Standbilder, z. T. vielfigurige Statuengruppen, Gemälde auf Holztafeln oder in Freskotechnik auf den Wänden der Gebäude, vor allem aber kleinformatige Votivfiguren aus Bronze oder Terrakotta, manchmal in die Tausende gehend. Auf der Agora standen die Bildnisstatuen früherer und gegenwärtiger Staatsmänner, aber auch Bilder von Göttern und Heroen mit politischer Bedeutung. Rathäuser und andere öffentliche Gebäude, Theater und Sportstätten waren mit Bildwerken ausgestattet. In den vornehmeren Wohnhäusern war eine Vielzahl von Gefäßen und Geräten für festliche Gelegenheiten in exuberanter Weise mit den verschiedensten Bildthemen geschmückt; später kamen dort Kleinplastiken, vereinzelt große Skulpturen, nicht zuletzt Wandgemälde hinzu. In größeren Städten wurden die Bildwerke auf öffentlichen Plätzen und in Heiligtümern zum Teil so zahlreich und dicht, dass Bewegung und Verkehr behindert wurden; dagegen gingen die Behörden bisweilen mit Regelungen und Säuberungen vor.

Die dichte Präsenz von Bildwerken in der Lebenswelt der Griechen ist aus heutiger Sicht nicht leicht zu verstehen. Zwar erleben wir gegenwärtig einen globalen Siegeszug der bildlichen

Medien, doch die Unterschiede zur Antike sind groß. Heute sind die Bilder auf individuelle Wahrnehmung in der geschlossenen Sphäre des Bildschirms ausgerichtet, während die Bildwerke in der Antike weitgehend für die kollektive Wahrnehmung in öffentlichen Räumen angelegt waren; zudem sind die Bilder der modernen Medien meist flüchtig und vergänglich, die antiken Bildwerke hingegen waren für die Dauer bestimmt.

Bis in die Neuzeit waren Bildwerke in öffentlichen Räumen eine zentrale Aufgabe der Bildenden Kunst. Seit dem 19. Jh. aber geriet öffentliche Kunst zunehmend ins Abseits der allgemeinen Wertschätzung. Individualität, Kreativität und kritische Einstellung der Kunst schienen schwer mit den Forderungen von Politik und Öffentlichkeit vereinbar zu sein. «Denkmäler sind hohl», notiert Stanislaw Jerzy Lec. Die öffentliche Kunst der Antike erscheint aus dieser Perspektive eher fremd.

Heute nehmen wir «Kunstwerke» vor allem im Museum oder im Buch wahr, als Zeugnisse historischer Stile oder Kulturen. Das sind moderne Konstrukte: Kein antikes Bildwerk wurde geschaffen, um ein Schritt in der Stilgeschichte oder ein Element der Kulturgeschichte zu sein.

In der Antike waren die Bildwerke ein Teil der Lebenswelt. Dort waren sie nicht Gegenstand exklusiver ‹musealer› Betrachtung, sondern bildliche Elemente neben vielen anderen Elementen der kulturellen Welt, in der die antiken Gesellschaften ihr Leben einrichteten. In diesem Sinn stellt sich für die antiken Bildwerke nicht so sehr die Frage, in welchem Sinn der Künstler sie geschaffen und die Betrachter sie verstanden haben, sondern wie die Gemeinschaft mit ihnen lebte.

Die Welt der Bilder war die Welt der Menschen. Damit kommen drei Kategorien des gesellschaftlichen Lebens ins Spiel: Raum, Zeit und Handeln.

Soziale Räume. Die Bildwerke waren für die Lebensräume bestimmt. Cicero mokiert sich über die Bewohner der hinterwäldlerischen Stadt Alabanda in Kleinasien, sie hätten auf ihrer Agora Standbilder von athletischen Siegern, in ihren Sportstätten solche von Rechtsanwälten aufgestellt. Umgekehrt rühmt sich ein athenischer Patriot, in seiner Stadt ständen auf der Agora nur Bildnisse von Politikern, nicht von Athleten. Es gab also Standards, welche Bildwerke wo stehen sollten. In diesem Sinn konnten die wichtigen sozialen Räume zu Orten für spezifische Bildwerke werden: die Heiligtümer für Votivbilder, die Agora für politische Denkmäler, die Gymnasien für Standbilder der göttlichen Beschützer der Athleten, Hermes und Herakles, die Nekropolen für die Statuen und Reliefs der Verstorbenen, die Häuser für Leit-, Wunsch- und Gegenbilder der Lebensführung. Die Bildwerke erhielten an den verschiedenen Orten ihre aktuelle Bedeutung und gaben umgekehrt den Orten einen spezifischen Sinn.

Soziale Zeiten. Die Bildwerke waren auf soziale Situationen ausgerichtet. Der Krieg der Griechen gegen die Perser wurde 472 v. Chr. von Aischylos beim Fest des Dionysos in der Tragödie «Die Perser» als ein Konflikt von hohem religiösen Ethos auf die Bühne gebracht. Zur selben Zeit waren bei den Symposien bemalte Gefäße in Gebrauch, auf denen die griechischen Siege gegen die orientalischen Feinde in krasser, z. T. obszöner Diffamierung dargestellt waren und zur Unterhaltung der Zecher dienten. Dagegen wurden einige Jahrzehnte später auf dem Fries des Tempels der Athena Nike dieselben Kämpfe als patriotische Ruhmestat gegen einen großen Gegner stilisiert. Götterfest, Trinkgelage und Heiligtum waren Situationen, in denen unterschiedliche Diskurse über die zentralen Themen der Gemeinschaft geführt wurden.

Soziales Handeln. Der Umgang der Menschen mit den Bildwerken vollzog sich teils in spontanen, teils in regelhaften Handlungen. Die Bildwerke wurden Gegenstand von sinnstiftenden Ritualen der Aufstellung, Pflege und kultischen Verehrung, von politischen und gesellschaftlichen Wertsetzungen, schließlich auch von affektiven Handlungen der Verehrung, Bewunderung und Liebe wie auch des Hasses. Die Bilderwelt war ein Teil der Lebenswelt.

Hier liegt das Ziel dieses Buches: die griechischen Bildwerke in den Räumen, Situationen und Handlungen der antiken Lebenswelt darzustellen.

2. Das Leben der Bilder

Was war ein Bild in dieser Kultur? Was leisteten die Bildwerke für die Gesellschaften Griechenlands?

Griechischen Bildwerken ist eine erstaunliche ‹objektive› Lebendigkeit eigen. Die Kultbilder der Götter in den Tempeln wurden in Prozessionen herumgetragen, an Flüssen gewaschen, danach gesalbt, mit Kleidern und Schmuck ausgestattet, als wären sie die Gottheit selbst. Man erzählte von Götterbildern, dass sie den Kopf bewegten, weinten oder Blut schwitzten und dadurch ihren Willen kundtaten oder die Zukunft zu erkennen gaben. Eine Statue der Athena kann mit geschwungener Lanze die Schlechten bedrohen und die Frommen schützen. Standbilder von Göttern und Heroen können von Krankheit heilen und Seuchen abwenden.

Ähnlich ‹lebendig› waren die Bilder von Menschen. Von einem gewissen Theagenes von Thasos wird berichtet, nach seinem Tod habe ein persönlicher Feind zur Rache an ihm seine bronzene Bildnisstatue auf der Agora ausgepeitscht – bis das Bildnis sich wehrte, auf ihn fiel und ihn erschlug. Seine Kinder klagten daraufhin das Standbild des Mordes an, bekamen Recht, und die Thasier warfen das Bildwerk zur Strafe ins Meer. Bald kam es zu einer Missernte, man fragte beim Orakel von Delphi an und bekam zur Antwort, die Stadt solle alle Exilierten zurückholen. Das tat man, aber die Missernte wiederholte sich. Auf eine zweite Anfrage hin sagte das Orakel, man habe Theagenes vergessen. Daraufhin fischten sie das Standbild aus dem Meer und stellten es wieder auf der Agora auf. Im Bild verehrten sie Theagenes noch jahrhundertelang mit Opfern, wofür er sich mit realen Wunderheilungen erkenntlich zeigte.

Gelegentlich wurden Bildwerke eigens hergestellt, um einen direkten Umgang mit den dargestellten Personen möglich zu machen. In Kyrene schrieb etwa ein Gesetz denjenigen, die einen Verbannten aus einer anderen Stadt aufnehmen wollten, vor, sie müssten sich mit den Verbannenden aussöhnen, indem sie Bilder von ihnen herstellten und sie mit Speisen und Getränken bewirteten.

All dies sind nicht Relikte prähistorischer Magie, sondern Vorstellungen und Praktiken aus Zeiten ausgeprägter Rationalität. Man war sich auch immer bewusst, dass die Bildwerke menschliche Artefakte waren. Ihr Material wird im gleichen Zug wie ihre Lebendigkeit hervorgehoben. So verkündet die Inschrift einer archaischen Grabstatue: «Dies ist das Grabmal der Phrasikleia», und zugleich: «Ich [d. h. die im Bild dargestellte Verstorbene] werde immer [unverheiratetes] Mädchen genannt werden». Künstliche Herstellung und Lebendigkeit stehen nicht im Widerspruch, sondern steigern sich gegenseitig.

Die Bildwerke der Antike machten in diesem Sinn die dargestellten Wesen und Gegenstände ‹präsent›. Das war eine zentrale gesellschaftliche Aufgabe. Im Bild konnten Mächte und Gestalten in die Lebenswelt hereingeholt werden, die *in corpore* nicht gegenwärtig sein konnten. Der ontologische Status des Bildes ist: Gestalten zu ‹re-präsentieren›, ihnen gegen die Distanz von Raum und Zeit, gegen Vergänglichkeit und Abwesenheit ein Hier und ein Jetzt zu sichern. Das Bild teilt nicht so sehr eine Botschaft mit, sondern ‹ist da›. Es stellt Personen und Vorgänge aus räumlicher und zeitlicher Entfernung in die Lebenswelt hinein, damit die Menschen mit ihnen umgehen können. Die Bilder der Götter und Heroen, der Toten aus der Vergangenheit und der Großen der Gegenwart bildeten eine ideale Gemeinschaft, in der die Lebenden ihre Orientierung fanden.

3. Körperbilder

Die griechische Bildkunst ist eine Kunst von Körpern. Überraschend häufig sind sie nackt, vielfach auch körperbetonend bekleidet, meist ideal, schön und jung, seltener realistisch, hässlich und alt, oft von betörender Sinnlichkeit. Die Rundskulptur ist naturgemäß auf einzelne Gestalten orientiert. Doch auch alle anderen Gattungen, Reliefskulptur, Wand- und Tafelgemälde, Vasenmalerei, stellen die menschliche Gestalt stark in den Vordergrund. ‹Umwelt›, Landschaft und Ambiente spielen demgegenüber eine untergeordnete Rolle.

Diese Hervorhebung der einzelnen Figur und ihrer körperlichen Erscheinung ist tief in der gesellschaftlichen Anthropologie und den kulturellen Praktiken der Griechen verwurzelt. Die autonomen griechischen Stadtstaaten förderten Gesellschaftsformen, in denen alle wesentlichen Angelegenheiten *face to face*, in körperlicher Präsenz miteinander ausgetragen wurden: Es war eine Kultur des ‹unmittelbaren Handelns›. Nach Aristoteles sollte eine ideale Stadt so angelegt werden, dass alle Bewohner einander kannten und jeder die Stimme des Herolds hören konnte. Da es in diesen Staatswesen kaum feste Positionen mächtiger Herrscher oder Priester gab, sondern grundsätzliche politische Gleichheit unter den Mitgliedern der Gemeinschaft oder zumindest ihrer führenden Schichten herrschte, kam sehr viel auf überzeugendes persönliches Auftreten an: auf die Kraft und den Witz des Geistes und des Wortes, aber auch auf die brillante körperliche Erscheinung. Ebenfalls hohe physische Qualitäten waren im Krieg gefordert, der das Privileg der oberen und mittleren Schichten darstellte und stark auf die Bewährung von Tugenden der Männlichkeit im unmittelbaren Kampf Mann gegen Mann angelegt war.

Die zentrale Institution dieser elitären Ethik war das Gymnasion, die Stätte athletischer Übungen und Wettkämpfe. Dort trainierte die männliche Jugend den Körper zu Kraft und Schönheit, dort wurden aber auch die homoerotischen Beziehungen zu älteren Männern angeknüpft, die für die Einführung der Jungen in die Lebensformen der erwachsenen Bürger entscheidende Bedeutung hatten. *Kalos kai agathos*, ‹schön und tüchtig›: In diesem Ideal fielen Schönheit der Erscheinung, Kraft und Beweglichkeit des Körpers, ein kompetitives Leistungsethos und normengerechte Gesinnung zusammen. Der Höhepunkt dieser Praxis waren die Wettspiele an den städtischen Götterfesten und vor allem an den großen gesamtgriechischen Festen in Olympia, Delphi, Isthmia und Nemea.

Als entscheidender Schritt zu dieser Kultur der Athletik wird der früh eingeführte Brauch des Ablegens der Kleider gewertet. Seither wurden Training und Wettkämpfe nackt ausgetragen. Der ‹reine› Körper, ohne Ausstattung mit Kleidung oder Bewaffnung, war die Grundlage des gesellschaftlichen Rangs: Ihm galt die Ausbildung zu den Fähigkeiten des Kriegers wie des Bürgers in den Gymnasien. In manchen Städten wurden die jungen Männer beim Übergang vom Jugendlichen zum erwachsenen Vollbürger einem Ritus des ‹Ausziehens› unterzogen, bei dem ihr Körper geprüft wurde. Der schöne Körper als Inkarnation der höchsten physischen und ethischen Werte war allgegenwärtig. Er war ein zentrales Element der griechischen Kultur.

In der Bildkunst Griechenlands wird der Blick durch alle Epochen mit Nachdruck auf nackte Körper gerichtet. Bei den vielen Darstellungen aus dem Bereich der Athletik ist das zunächst als Wiedergabe der Wirklichkeit verständlich. Doch darüber hinaus erscheinen Männer mit nackten oder teilnackten Körpern in vielen anderen Szenen, in denen in Wirklichkeit volle Bekleidung vorauszusetzen ist, etwa siegreiche oder gefallene Krieger, Jäger, Teilnehmer am Symposion, sogar Handwerker, Diener und Sklaven. Am erstaunlichsten aber: Die Angehörigen der Oberschicht werden in den Standbildern auf ihren Gräbern, die Staatsmänner und Herrscher in ihren öffentlichen Ehrenbildnissen zum Teil mit nacktem Körper dargestellt. Wie ist das zu verstehen?

Die Deutung der nackten Körper in der antiken Kunst ist vielfach stark durch den Begriff der ‹idealen› oder ‹heroischen› Nacktheit geprägt. Dies ist aber ein neuzeitliches Konzept. In der Antike diente die Darstellung von Nacktheit nicht der idealisierenden Erhöhung über die Wirklichkeit hinaus, sondern hatte eine grundsätzlichere, anthropologische Bedeutung: Der Körper wird in den Bildwerken als essentieller Leistungsträger des Menschen und seiner Handlungen herausgestellt. Das gilt für die Darstellung von Überlegenheit, Sieg und Kraft ebenso wie von Unterlegenheit, Leid und Tod. Daneben aber können immer auch andere Qualitäten hervorgehoben werden: mit Kleidung, Rüstung, Abzeichen und Geräten. So wurden Krieger in der Kraft und Beweglichkeit ihrer trainierten nackten Körper, nur mit Helm und Lanze dargestellt, um ihre physische Leistungsfähigkeit hervorzuheben, ebenso aber auch im Glanz einer vollen Rüstung, die ihren hohen sozialen Status anzeigte. Es ist eine Bildsprache, die viele Optionen bot: Die Wahl hing davon ab, welche Aussagen gemacht werden sollten.

Anders waren die Voraussetzungen bei den Frauen. Die normale Rolle der Braut und Familienmutter war auf sexuelle Abschirmung ausgerichtet, darum werden Frauen in aller Regel in voller Bekleidung dargestellt. Auch hier aber werden durch die Gewänder die Körperformen oft in höchst effektvoller Weise zur Wirkung gebracht.

In diesem Sinn ist das griechische Konzept des Menschen, im sozialen Leben wie in der Bildkunst, stark auf den Körper begründet. Was der Mensch ist und kann, das ist und vollbringt er vor allem mit seinem Körper. Der Körper enthält darum alles Wesentliche, was im Bild über den Menschen ausgesagt werden soll.

4. Bilderwelten

Grundthemen und historische Dynamik. Die Bildkunst der Griechen hatte drei große Themenbereiche: die eigene Lebenswelt, die Vorzeit der Mythen und die zeitlose Präsenz der Götter. Diese Bereiche durchdrangen sich in eigenartiger Weise und stellten zusammen eine ungemein dichte Bilderwelt dar. Das bedeutet allerdings nicht, wie man vielfach gemeint hat, dass die Bildwerke die Wirklichkeit des Lebens und die Traditionen der Mythen realistisch und umfassend wiedergeben. Für die Rekonstruktion der realen Lebensformen und der mythischen Erzählungen sind die Bilder nur sehr bedingt als Grundlage zu nehmen. Denn sie stellen grundsätzlich nur solche Themen dar, denen die Gesellschaft eine hohe und explizite Bedeutung gab: Leitbilder und Ideale, Wunschbilder und Utopien, Gegen- und Schreckensbilder; und nur solche, die in den sozialen Räumen am Platz waren, für die die Bildwerke bestimmt waren: im Heiligtum oder auf der Agora, beim Symposion oder am Grab. Ähnliches gilt für die Mythen. Auch hier werden aus dem unerschöpflichen Schatz nur wenige, zum Teil immer wieder dieselben Geschichten ausgewählt. Sehr vieles aber bleibt ausgeblendet: Es ist eine scharfe kulturelle Selektion von Bildthemen, die uns entgegentritt. Und auch diese Themen werden vielfach nicht in ‹realistischer› Erscheinung wiedergegeben, sondern in ihrer kulturellen Bedeutung charakterisiert.

Die Grundthemen der Mythen wie der Lebenswelt sind von den zentralen Lebensbereichen der Griechen vorgegeben: der männlichen Welt von Krieg, Jagd und Athletentum, der Sphäre der vornehmen Frauen mit ihren Dienerinnen, der Welt des Gelages und der Erotik, den Ritualen und Gedächtnisbildern für die Toten. Innerhalb dieses relativ homogenen Rahmens aber entwickelte die griechische Bildkunst eine Dynamik, die sie grundsätzlich von allen antiken Kulturen unterscheidet. In den wenigen Jahrhunderten von der archaischen bis zur hellenistischen Epoche veränderten sich die Auffassungen der Bildthemen ebenso wie die Formen ihrer Darstellung so rasant, dass die Werke rein aufgrund des Stils meist im Rahmen einer Generation, zum Teil eines bis zweier Jahrzehnte datiert werden können. Das ist nicht nur ein Phänomen der Bildkunst, sondern zeigt weitreichende Veränderungen in den kulturellen Einstellungen und Vorstellungen der Griechen an.

Wirklichkeit und Bild. Die Urteile über die Realitätshaltigkeit der griechischen Bildkunst sind stark kontrovers: Zum einen werden Bildwerke vielfach grundsätzlich als ‹realistisch› angesehen; unter dieser Voraussetzung werden sie zur Rekonstruktion griechischer Sachkultur verwendet. Andererseits wird auf Darstellungsformen hingewiesen, die nicht der Realität entsprochen haben können; daraus wird ein grundsätzlich idealisierender Charakter der griechischen Kunst abgeleitet.

Der Widerspruch entsteht durch einen modernen Begriff des ‹perzeptiven Realismus›, der die Bilder daran misst, wieweit sie der *gesehenen* Wirklichkeit entsprechen. Dies ist aber eine unzutreffende Kategorie. Zwar wurden in der griechischen Kunst immer wieder Figuren und Szenen in einer Weise dargestellt, wie sie sich dem Auge nicht darboten. Doch selbst die nackten Körper der Kriegerbilder, die nicht der Realität entsprachen, repräsentieren nicht unwirkliche Ideale, es sind die wirklichen Körper, die in den Sportstätten ausgebildet waren und die die Männer zu leistungsfähigen Kriegern machten. Sie werden im Bild freigesetzt, weil sie tatsächlich entscheidende konkrete Elemente des Kampfes waren.

Dies ist ein Grundzug der griechischen Kunst: Figuren und

Szenen werden nicht so dargestellt, wie sie sich in der betreffenden Situation dem Auge darboten, sondern in den konkreten Elementen und Formen, die für das Thema und den Vorgang als bedeutungsvoll gewertet wurden – auch wenn sie für den Blick verdeckt waren. Auch das ist ‹Wirklichkeit›, allerdings nicht im Sinn eines ‹perzeptiven›, sondern eines ‹konzeptuellen› Realismus.

5. Verlust und Wiedergewinnung

Die Bildwerke der Antike sind nicht nur sehr lückenhaft, sondern vor allem auch sehr ungleichmäßig auf uns gekommen. Die neuzeitliche Vorstellung von griechischer Bildkunst ist dadurch einseitig geprägt. Im Vordergrund der Wahrnehmung stehen die Skulpturen aus Marmor und anderem Stein: Sie sind zwar vielfach in der christlichen Spätantike als heidnische Götzenbilder zerschlagen und bis in die Neuzeit in Kalköfen zu Baumaterial verbrannt worden; aber vieles hat sich doch erhalten, und auch Fragmente können noch eine starke Strahlkraft bewahren. Weitgehend verloren sind dagegen die oft besonders bedeutenden Werke aus Bronze und Edelmetallen, die in nachantiker Zeit systematisch eingeschmolzen wurden und sich meist nur erhalten haben, wenn sie bereits früh durch Unglücksfälle wie Erdbeben oder Schiffbruch dem Zugriff entzogen wurden (Abb. 33). Und nahezu unbekannt ist die Skulptur aus Holz (Abb. 9), oft ehrwürdige Götterbilder, die zum Teil höchst kunstvolle Schnitzwerke gewesen sein müssen.

Durchgreifend aber ist der Verlust der Farbigkeit der antiken Skulpturen: Weißer Marmor und dunkel patinierte Bronze haben in der Neuzeit ein strenges klassizistisches Bild von antiker Kunst geprägt. In Wirklichkeit waren alle Skulpturen aus Stein in lebhaften Farben bemalt, selbst bedeutende Maler waren sich nicht zu gut, farbige Fassungen für Bildwerke zu liefern (Farbtaf. 1,1). Die Werke aus Bronze leuchteten ursprünglich in gleißend goldfarbener Oberfläche, scharf kontrastiert durch andere Materialien, wie Kupfer für Brustwarzen, Lippen, Wunden und eingelegte Steine für die Augen, die dadurch einen eindringlich intensiven Blick entwickelten (Farbtaf. 3,3). Überwältigend muss die farbige Wirkung von Bildwerken gewesen sein, die verschiedene Werkstoffe kombinierten, bis hin zu den weit überlebensgroßen Götterbildern des Phidias, die Gold für die Gewänder, Elfenbein für die nackten Körperteile und weitere Materialien für das reiche Beiwerk verwendeten (Farbtaf. 3, 1–2). Lange Zeit haben moderne Sehgewohnheiten diese Farbigkeit als aufdringlich und überladen abgelehnt und ignoriert. Erst durch moderne Techniken der Farbanalyse und der Rekonstruktion sind die originalen Wirkungen annähernd wiederzugewinnen. Wir müssen sie nicht nur akzeptieren, sondern in ihrer vitalen Kraft verstehen lernen.

Fast völlig verschwunden ist die griechische Malerei, deren Untergrund, vor allem stuckierte Wände und Holztafeln, sich selten erhalten hat. Wenige Überreste, vor allem in Gräbern (Farbtaf. 1,2; 4,1), und die Fortsetzung der Tradition in der römischen Wandmalerei lassen ahnen, was verloren ist. Offensichtlich bleiben sie aber weit zurück hinter den Werken der gefeierten Malerstars von Polygnot bis Apelles.

Gerade die großen Meister der Skulptur und Malerei sind nur indirekt zu fassen. Zum einen durch Schriftquellen, meist römischer Zeit: Insbesondere Plinius der Ältere (1. Jh. n. Chr.) gibt in seiner «Naturgeschichte» reiche Nachrichten über die Werke der berühmten Bildhauer und Maler, und Pausanias (2. Jh. n. Chr.) berichtet in seiner «Beschreibung Griechenlands» über viele alte Bildwerke in ihrem topographischen Zusammenhang. Zum anderen sind Werke der griechischen Skulptur vor allem in römischer Zeit zur Ausstattung von öffentlichen Anlagen und privaten Wohnsitzen massenweise kopiert und nachgeahmt worden. Die Treue solcher Kopien zu den zugrunde liegenden Originalen ist mehr oder minder stark vom Geschmack ihrer Zeit, den technischen Praktiken der Werkstätten und der Verwendung im neuen Kontext abhängig; darum ist besondere methodische Umsicht bei der Ausschöpfung dieser Quellen für die griechische Kunstgeschichte geboten.

II

Archaische Zeit

1. Ehre, Besitz und Poliskultur

Ein Neubeginn und zwei Hochkulturen als Maßstab. Die griechische Welt entwickelte sich seit dem Beginn des 1. Jahrtausends v. Chr. zu den Formen der Gesellschaft und Kultur, die als Wurzeln aller weiteren Entwicklungen der ‹klassischen› Antike betrachtet wurden. In diesen Jahrhunderten bildeten sich auch Funktionen und Formen der Bildkunst aus, die in den antiken Gesellschaften bleibende Bedeutung behielten. Dabei war dies kein Neubeginn. Denn die Griechen konnten in dieser Zeit an zwei Hochkulturen anschließen, die ihren eigenen Aufstieg stark förderten: im eigenen Land an die zeitlich weit zurückliegende Kultur des minoischen Kreta und des mykenischen Festlands, in der eigenen Zeit an die räumlich fern liegenden Kulturen des Vorderen Orients und Ägyptens.

Die bronzezeitlichen Kulturen von Kreta und Mykene waren um 1200 v. Chr. im Zuge weitreichender ‹internationaler› Unruhen und Völkerbewegungen zusammengebrochen. In den Jahrhunderten davor hatten die Paläste der Könige von Mykene, Tiryns, Theben, Athen, Pylos und wenigen anderen Orten starke wirtschaftliche, administrative und religiöse Zentren dargestellt. Sie standen im Kontakt zu den Hochkulturen des östlichen Mittelmeers; die Herrscher und eine kleine Elite entwickelten einen hohen kulturellen Standard. Dazu gehörte auch eine komplexe Bilderwelt von exquisitem künstlerischen Rang, die sich vor allem in zwei Gattungen ausbildete: in der Freskomalerei, die die Wände der Paläste und Residenzen mit Bildern festlicher Rituale und sakraler Natur schmückte; und in der Miniaturkunst der Siegelringe in Gold und Edelsteinen, die ein vielfältiges Spektrum von Motiven erschloss: religiöse Kulte,

Tiere, Fabelwesen und Pflanzen, mit deren Bild die Besitzer ihre Identität an Besitzstücken und Dokumenten besiegeln konnten. Eine derart eng an die Führungselite gebundene Bilderwelt war besonders stark dem Untergang ausgesetzt, als um 1200 v. Chr. die wirtschaftlichen Grundlagen dieser Kultur zerbrachen.

In den folgenden Jahrhunderten zerfiel die griechische Welt in zumeist dörfliche Gesellschafts- und Siedlungsformen, ohne weiterreichende Strukturen politischer und wirtschaftlicher Macht. Dennoch riss an einigen Orten der Fernhandel mit dem Orient nicht ganz ab. Die sog. Dunklen Jahrhunderte (1200–900 v. Chr.) nach der mykenischen Palastzeit waren darum, wie neuere Forschungen gezeigt haben, nicht überall kulturell so düster, wie die Bezeichnung glauben macht. Hier und da haben einzelne Handwerker Tiere und Phantasiewesen auf ein Gefäß gemalt oder plastisch aus Ton geformt; aber das blieben vereinzelte Versuche, weil die Voraussetzungen für eine dichtere Produktion von Bildwerken noch fehlten.

Künstlerische und handwerkliche Traditionen der Bildkunst setzen feste gesellschaftliche Institutionen, Praktiken und Rituale voraus, in denen die Bildwerke eingesetzt wurden. In Griechenland waren das zunächst vor allem die gemeinschaftlichen Kulte der Götter, die Grabrituale der großen Familien und die festlichen Gelage der vornehmen Männer. Alle drei Institutionen hingen mit der Entstehung der Polis, des griechischen ‹Stadtstaates›, im 8. und 7. Jh. v. Chr. zusammen.

Damals wuchsen die dörflichen Siedlungen langsam zu dichteren ‹politischen› Gemeinschaften zusammen. Diese Gemeinschaftlichkeit kam in einer neuen, bewussten Gliederung der ‹städtischen› Siedlungszentren zum Ausdruck, in denen neben den Arealen des privaten Wohnens drei Formen ‹öffentlicher› Räume eingerichtet wurden: große städtische Heiligtümer, in denen die gesamte Gemeinschaft sich zum Götterfest vereinte; die Agora, wo die erwachsenen Männer in der Volksversammlung über die politischen Fragen entschieden; und die Nekropolen, die jetzt außerhalb des Stadtgebietes angelegt wurden, in denen die Familien ihre Verstorbenen ehrten. Die Polis war ein gegliederter Kosmos mit Räumen für den Umgang der Gemeinschaft mit den Göttern, den Menschen und den Toten. Dies wurden auch die Räume der Bildwerke.

Eine entscheidende Voraussetzung für die Bildkunst des frühen Griechenland war die gesellschaftliche Bedeutung des Ehrengeschenks (*géras*). Der Rang eines Menschen war in hohem Maß in seinem Reichtum begründet. Dabei spielte in Zeiten vor Einführung der Geldwirtschaft das Geschenk eine zentrale Rolle für die gesellschaftliche Kommunikation und Kohärenz. Wesentliche Vorgänge der Lebenswelt waren mit der Idee des Schenkens verbunden: Geburt und Hochzeit, Feste und Verträge wurden mit Geschenken und Gegengeschenken begangen. Dasselbe gilt auch für den Umgang mit den Göttern und den Toten: Alles wurde, in den dafür bestimmten öffentlichen Räumen, mit Geschenken vollzogen, mit Votivgaben in den Heiligtümern und mit Beigaben in den Gräbern.

Bei der Errichtung dieser neuen Lebenskultur schlossen die Griechen an die minoische und mykenische Vorzeit an. Sie war materiell untergegangen, aber ragte in gewaltigen Ruinen in die Gegenwart hinein. An ihnen kristallisierten sich Erinnerungen an große Gestalten und Vorgänge der Vorzeit, die zu einem reichen Schatz von Mythen ausgebildet wurden. Neu entstehende Heldenepen und Mythenbilder zeugen von der gesellschaftlichen Verbreitung und Bedeutung der erzählten Vergangenheit. Obwohl die kulturellen Traditionen in vielen entscheidenden Bereichen – in der Architektur, der Schrift, der Bildkunst – weitgehend abgerissen waren, konstruierten die Griechen diese Frühzeit als ihre eigene Vorgeschichte.

Zugleich führte der zunehmende Handel zu einer besseren Kenntnis der weit überlegenen Kulturen des Vorderen Orients und Ägyptens. Mit großer Offenheit wurden deren Güter und Praktiken übernommen und in die eigenen Verhältnisse eingepasst. Die Forschung hat, in einer alten eurozentrischen Perspektive, diese Transformationen oft als starke Manifestation griechischer Identität gegenüber dem Orient gesehen. Zutreffender ist wohl die Sicht, dass Griechenland damals in den Kreis dieser Hochkulturen eintrat und gleichen Rang zu erreichen suchte.

Epochen der kulturellen Entwicklung. Die Frühzeit der griechischen Welt wird gewöhnlich in zwei Epochen eingeteilt, die Stufen in der Ausbildung einer griechischen Identität bedeuten. Die erste Epoche, die die ‹protogeometrische› und die ‹geometrische› Zeit umfasst (ca. 1050–900 bzw. 900–700 v. Chr.), wird nach der strengen ‹geometrischen› Stilisierung der Figuren und Ornamente in der Kunst benannt, durch die die neue Kultur sich deutlich von den naturhaft bewegten Formen der Bronzezeit absetzte (Abb. 1–3, 14–15). Am Ende dieser Epoche stehen Homer und die große Heldenepik, die diese Identität in einer großen mythischen Vergangenheit begründen. Die darauffolgende Epoche wird als ‹orientalisierende› Zeit (ca. 700–620 v. Chr.) definiert, in der durch intensivere Kontakte mit den Kulturen Phönikiens, Mesopotamiens und Ägyptens eine breite Übernahme von phantastischen Mischwesen, wie Sphinx (Löwe-Mensch), Greif (Löwe-Vogel), Sirene (Vogel-Mensch), aus der Bildkunst des Vorderen Orients einsetzte und ein neuer Stil voluminöser Figuren im Anschluss an orientalische Bildwerke entwickelt wurde (Abb. 4, 5, 16).

Diese Abgrenzung von Epochen hat ein gewisses Recht in der Bildkunst, wo tatsächlich um 700 v. Chr. ein deutlicher Wandel in Motiven und Stil einsetzt. Dieser Wandel betrifft aber nicht die gesamte Entwicklung der Kultur und Gesellschaft. Von Anbeginn stand den Griechen der Orient als Maßstab ihrer kulturellen Ansprüche vor Augen. Seit dem 10. Jh. v. Chr. wurden zunehmend Kulturgüter aus dem Osten importiert; wohl im 9. Jh. wurde aus der Schrift der Phönizier die griechische Alphabetschrift entwickelt; orientalische Handwerker ließen sich in Griechenland nieder; orientalische Produkte wurden in Griechenland nachgeahmt und in eigene Formen umgesetzt. Es war eine lange Reihe von Rezeptionen über Jahrhunderte hin, die die Neuformierung der griechischen Kultur von Anbeginn begleiteten; die Veränderungen in der Bildkunst um 700 v. Chr. sind nur ein Schritt in diesem langfristigen Prozess. In diesem Sinn können die ‹geometrische› und die ‹orientalisierende› Zeit zusammen als die ‹früharchaische› Epoche der sich formierenden Poliskultur verstanden werden.

Eine neue kulturelle Stufe wurde dagegen in den Jahrzehnten um 600 v. Chr. erreicht: In der ‹hocharchaischen› und ‹spätarchaischen› Zeit (ca. 620–550 bzw. 550–480 v. Chr.) kam die frühgriechische Adelskultur zu ihrer vollen Ausprägung. Grundlage dieser Entwicklung war eine Verdichtung der städtischen Gemeinschaften, die sich jetzt unter der Führung starker Adelsgruppen, zum Teil auch von Alleinherrschern ohne Legitimation, sog. Tyrannen, und unter Einbeziehung breiterer Mittelschichten stärker zu gemeinsamen Aktivitäten zusammenschlossen: zur Festigung von politischen Institutionen, zum Beschluss von verbindlichen Gesetzen, zur Anlage von weiten öffentlichen Plätzen und Gebäuden, zur Neueinrichtung von gemeinsamen religiösen Festen, zum Bau von monumentalen Tempeln. Dabei steigerten die Mitglieder der Oberschicht sich zu einem scharfen Konkurrenzkampf um Rang und Ansehen in der Gemeinschaft. Diese kompetitive Haltung wurde vor allem in drei sozialen Räumen entfaltet, in denen die Bildkunst von Bedeutung war: in den Heiligtümern, mit individuellen Votivgaben; an den Gräbern, mit Beigaben und Denkmälern; beim Symposion in den Wohnsitzen, mit reicher Ausstattung an Festgeschirr. In diesem Rahmen erfuhr die Bildkunst starke neue Impulse.

2. Heiligtümer: Votivfiguren, Kultbilder, Tempelschmuck

Die Frühzeit der Polis. Die frühen Stadtstaaten konstituierten sich nicht nur als politische, sondern auch als religiöse Gemeinschaften. Seit dem 8. Jh. v. Chr. gründete sich die Welt der frühen Polis stärker als zuvor auf gemeinschaftliche Kultstätten. Die Städte formierten sich um zentrale Heiligtümer, wie Athen um den Bezirk der Athena auf der Akropolis; und sie markierten, wie etwa Argos und Samos, mit außerstädtischen Kultplätzen den Besitz des Fruchtlandes. Zur selben Zeit, im 9. und 8. Jh., entwickelten sich einige Heiligtümer, allen voran Olympia und Delphi, zu Stätten von überregionaler Bedeutung, an denen Besucher aus ganz Griechenland die Erfahrung ihrer kulturellen Gemeinsamkeit machten. Die beiden großen Gemeinschaften jenseits der Familie, die Mitglieder der Polis und die Gesamtheit der Griechen, hatten ihre Zentren in Heiligtümern. Dies waren bevorzugte Räume der frühen Bildkunst.

Bildwerke entstanden hier als Votivgaben. Die Menschen traten mit den Göttern in ritueller Form in Kontakt: durch Prozessionen, Tänze, Opfer – und Geschenke. Der Anlass sind vor allem die gemeinschaftlichen Feste; hier folgt die Sitte des Schenkens den Formen innerhalb der menschlichen Gesellschaft. Das Ziel ist nicht unmittelbarer Wertetausch, sondern langfristige Schutzverbindung: Die Stifter unterstützen mit dem Geschenk Bitte und Dank an die Gottheit. Die Götter sind Teil einer idealen Gesellschaft, die durch Geschenke zusammengehalten wird.

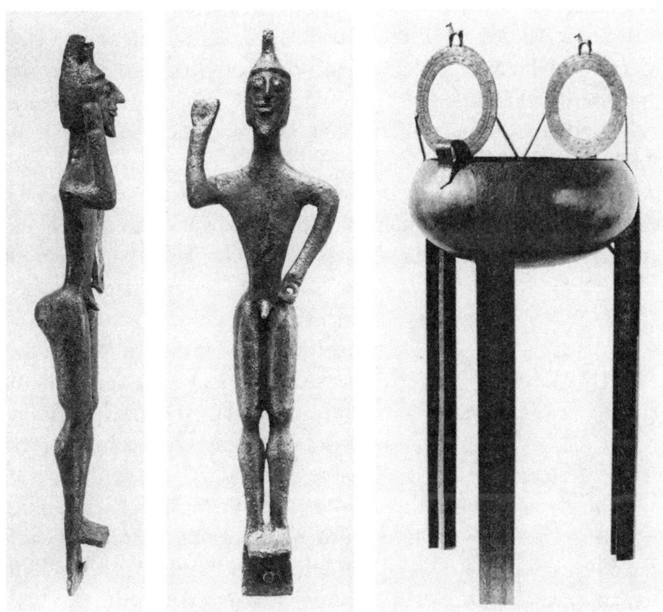

1 a, b (links und Mitte) Statuette eines Kriegers, ursprünglich mit Lanze und Pferd, Bekrönung eines Dreifuß-Henkels. 8. Jh. v. Chr. Olympia
2 (rechts) Dreifuß-Kessel, moderne Nachbildung

Das Weihgeschenk par excellence war in der Frühzeit der Dreifuß-Kessel, nach seiner Funktion ein Kochgerät für Opferfleisch, das aber in der Anzahl und der oft monumentalen Größe der geweihten Exemplare weit über den Gebrauchszweck hinausging und den prestigeträchtigsten Besitz der Gottheit darstellte (Abb. 2). Daneben waren Waffen und Rüstungsstücke, z. T. zu ganzen Garnituren zusammengesetzt, beliebte Weihungen stolzer Krieger.

Der Wert solcher Geschenke konnte auf verschiedene Weise zum ‹Prunkstück› (*ágalma*) gesteigert werden: durch kostbare Materialien, kunstvolle Herstellung und vor allem durch Bildschmuck. Ein großer Teil der frühen griechischen Bildwerke dient dem Schmuck von Geräten und Gefäßen, in die sie in kleinem Format integriert sind. Die Motive des Bildschmucks sollten etwas über den Stifter und sein Verhältnis zur Gottheit aussagen. An den Dreifüßen aus Bronze werden die reich ornamentierten Henkel von Pferden oder von Kriegern mit Lanze und Pferd bekrönt (Abb. 1, 2).

Daneben setzte schon früh die Sitte ein, auch Bildwerke als solche zu schenken; auch sie in kleinem Format, aus Bronze oder Terrakotta, gewissermaßen als untergeordneter Schmuck des Heiligtums. Die Themen dieser Bildwerke umfassen ein breites Spektrum dessen, was der Gottheit gefällt und womit der Stifter sich identifiziert. Neben Kriegern treten anspruchsvollere Motive auf: Männer im Wagen mit Viergespann, Jäger bei der Jagd auf wilde Monster, vereinzelt ein Bogenschütze, ein Helmschmied, ein Leierspieler, dazu Frauen im Reigentanz. In unendlicher Zahl aber wurden Bilder von Tieren geweiht, vor allem von Pferden und Rindern, dem wichtigsten Reichtum der bäuerlichen Bevölkerung (Abb. 3). Es ist die Welt einer Elite von Landbesitzern, reich an Waffen und Pfer-

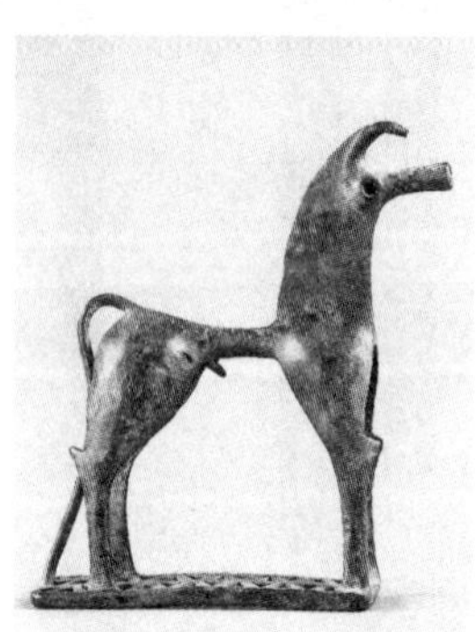

3 Statuette eines Pferdes. 8. Jh. v. Chr. Berlin

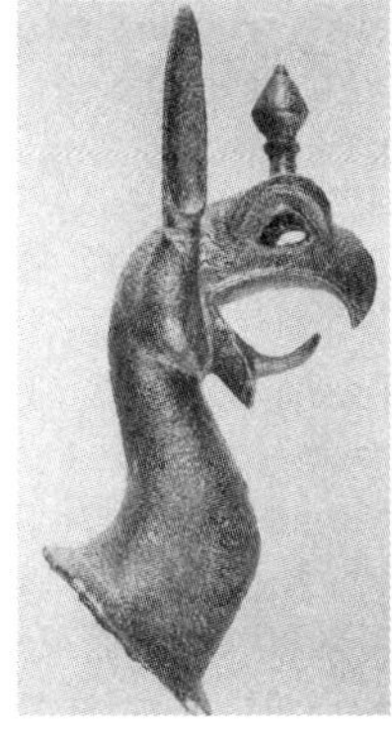

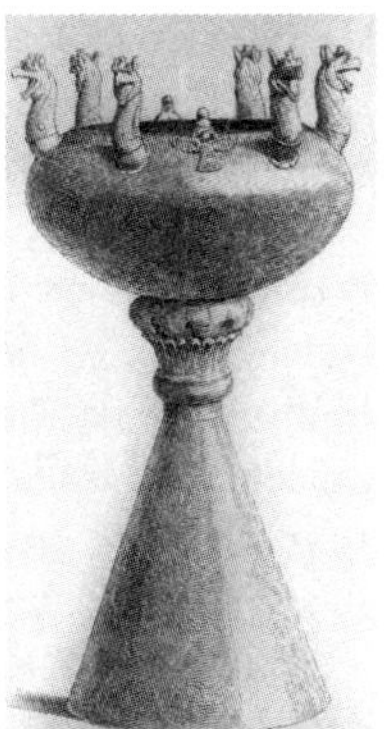

4 (links) Protome eines Greifen. 7. Jh. v. Chr. Olympia
5 (rechts) Greifen-Kessel, zeichnerische Rekonstruktion

den, mit gemeinsamen Ritualen und Festen, die in den Statuetten vor Augen tritt.

Die Formen dieser Statuetten sind z. T. schlicht bis primitiv. Gleichwohl lassen die besseren Produkte eine Stilisierung erkennen, die Ausdruck eines spezifischen Verständnisses der Menschen und Tiere ist. Die Statuetten zeigen die menschlichen Körper in den charakteristischen Erstreckungen ihrer einzelnen Teile: Die Beine mit Oberschenkeln und Waden erschließen sich in der Seitenansicht, ebenso das mächtige Gesäß; dagegen entfaltet sich die Brust rein in der Vorderansicht, ohne jedes Tiefenvolumen. Die Gestalt hat keinen einheitlich geschlossenen Körper, Brust und Becken sind durch eine minimale Taille verbunden. Ähnlich sind die Pferde aus verschiedenen Teilen mit autonomen Volumina gebildet: Hals und Mähne in flacher Silhouette, Bug und Kruppe in kräftigen Rundungen, statt des Leibes eine dünne Röhre, die Beine mit knochig akzentuierten Gelenken. Die Figuren bestehen aus ihren einzelnen Teilen, die je ihre eigene Körperlichkeit haben. Sie bringen damit Qualitäten zum Ausdruck, die als charakteristisch betrachtet werden: Leistungskraft der Schenkel, Mut der breiten Brust, Beweglichkeit der Gelenke. Ähnliche Auffassungen finden sich gleichzeitig bei Homer.

Die Verbindungen zum Orient führten um 700 v. Chr. dazu, dass die Leitform des Dreifußes von dem neuen Typ des sog.

Greifen-Kessels abgelöst wurde, der eine höchst überraschende kulturelle Vernetzung bezeugt (Abb. 4, 5). Aus dem Osten, wahrscheinlich Nordsyrien, wurden konische Ständer mit exotischem Reliefschmuck importiert und mit Kesseln griechischer Produktion vervollständigt. Den symbolischen Schutz des kostbaren Gefäßes besorgen Protomen von Greifen, orientalische Phantasiewesen, jedoch in Griechenland in einem frühen Verfahren des Hohlgusses hergestellt. Diese Monster, mit ihren gespannten und pointierten Formen, bestätigen die hohe Könnerschaft des griechischen Kunsthandwerks im 7. Jh. v. Chr.

Tempel und Schatzhäuser. In den großen Heiligtümern erforderten die Tempelbauten, über die Praxis der individuellen Votivgaben hinaus, die gemeinsame Leistung der Bürgerschaft. Der Beginn des Tempelbaus im 8. und 7. Jh. v. Chr. ist daher ein frühes Zeugnis politischen Gemeinsinns. Entsprechend fand auch die neue Phase der Verdichtung städtischer Gemeinschaften seit der Zeit um 600 v. Chr. ihren Ausdruck in einer enormen Steigerung der sakralen Bautätigkeit. Tyrannen ebenso wie aristokratische Führungsgruppen setzten solche Bauwerke ins Werk, als stolze Bezeugung städtischen Selbstbewusstseins.

In den gesamtgriechischen Heiligtümern fielen dagegen die Tempel als Zeugnisse des Prestiges einzelner Städte aus. Hier stellten die ‹Schatzhäuser› einen gewissen Ersatz dar: kleinere hausförmige Bauten, die von den Städten vor allem in Delphi und Olympia zur Aufnahme besonders wertvoller Weihgeschenke errichtet wurden, welche vor der Witterung geschützt werden mussten, wie Prunkmöbel oder Standbilder aus edlen Hölzern, Elfenbein, wertvollen Metallen.

Tempel und Schatzhäuser wurden z. T. in höchst aufwendiger Weise auch nach außen mit Bildwerken geschmückt. Im Rahmen der traditionellen architektonischen Ordnungen waren es festgelegte Bereiche, die durch Bildschmuck ausgezeichnet werden konnten: Über der Säulenreihe mit dem horizontalen Architrav folgte in der ‹dorischen› Ordnung eine Reihe annähernd quadratischer Platten (‹Metopen›), in der ‹ionischen› Ordnung ein durchgehender Fries; beide Flächen konnten glatt gelassen, aber auch mit (in der Regel verlorener) Malerei oder mit Reliefs geschmückt werden. Darüber bot das flache Dreieck des Giebels Raum für umfangreichere Kompositionen in Hochrelief oder freiplastischen Figuren. Schließlich erhielt das Dach auf dem First und an den Ecken Akzente in Form von ornamentalen, in einzelnen Fällen auch figürlichen Bekrönungen (‹Akroteren›).

Dieser Bildschmuck von Tempeln und Schatzhäusern ist eine der merkwürdigsten Erscheinungen der griechischen Kunst: Die Einbindung in die Architektur gibt zum einen sehr schwierige Flächen – eintönige Reihen von Quadraten, lange schmale Bänder, flache Dreiecke – für den bildnerischen Schmuck vor, zum anderen schafft sie extrem ungünstige Bedingungen für eine genaue Wahrnehmung sowohl der einzelnen Bildmotive als auch der Bezüge zwischen ihnen. Gleichwohl ist die künstlerische Form bis in die Einzelheiten meist von höchster bildhauerischer Qualität, und die Bildprogramme lassen vielfach sehr durchdachte Konzepte erkennen. Dies Paradox ist charakteristisch für die griechische wie für viele andere vormoderne Kulturen, bis zu den gotischen Kathedralen: Die Bauten erhalten durch die Bildwerke eine Steigerung ihres ‹Wertes›, eine höhere religiös-kulturelle Bedeutung, die zunächst dem architektonischen Monument selbst zugehört und erst in zweiter Linie sich an den Betrachter wendet.

Tempel. Die Heiligtümer waren zunächst Inseln der göttlichen Ordnung, die wie die ganze städtische Kultur des Schutzes gegen die Mächte der Wildnis bedurften. An den frühen Tem-

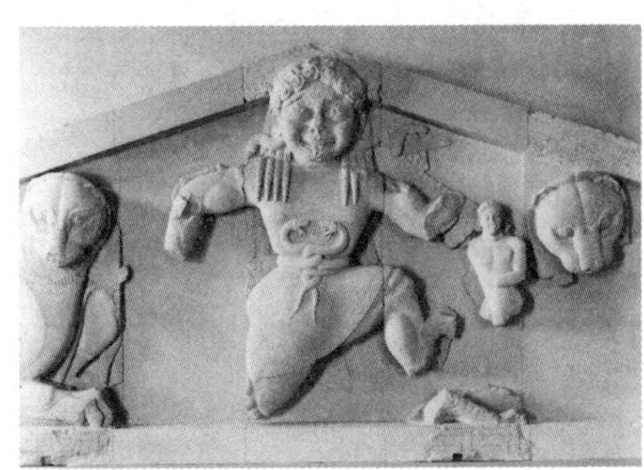

6 Giebel des Artemis-Tempels von Korfu. Um 580 v. Chr. Kerkyra

peln der Artemis auf Korfu (Abb. 6) und der Athena auf der Akropolis von Athen werden die Monster und Bestien der wilden Natur, die man sich in der Frühzeit als Gegenwelt der Polis vorstellte, gebändigt und zum Schutz der religiösen Ordnung eingesetzt.

Mehr und mehr aber sind es große Mythen, die an Tempeln und Schatzhäusern die religiösen und gesellschaftlichen Leitbilder der städtischen Gemeinschaften zum Ausdruck bringen. Vor allem im griechischen Westen wird die Welt der Heldenmythen im Schmuck der Tempel in großer Breite entfaltet. Das außerstädtische Heiligtum der Hera am Fluss Sele bei Poseidonia/Paestum, das die Grenze der griechischen Welt gegen die nichtgriechischen Etrusker und Italiker markierte, war ein prädestinierter Ort, um griechische Identität und Leitvorstellungen dieser Stadt herauszustellen und gegen die ‹barbarische› Gegenwelt jenseits der Grenze abzusetzen. In den ursprünglich wohl 42 Metopen eines Tempels nimmt Herakles einen zentralen Raum ein. Der etwas klobige Stil verbindet sich z. T. mit komischen Motiven: etwa wenn Herakles den besiegten Eber heranschleppt, vor dem sein königlicher Auftraggeber Eurystheus sich in ein Bodenfass flüchtet und den Deckel über sich herabzieht (Abb. 7). Allgemein bringt Herakles in Poseidonia, an der Grenze zu nichtgriechischen Nachbarn im Norden, als Vorkämpfer der Kultur das griechische Gefühl der Überlegenheit eklatant zum Ausdruck.

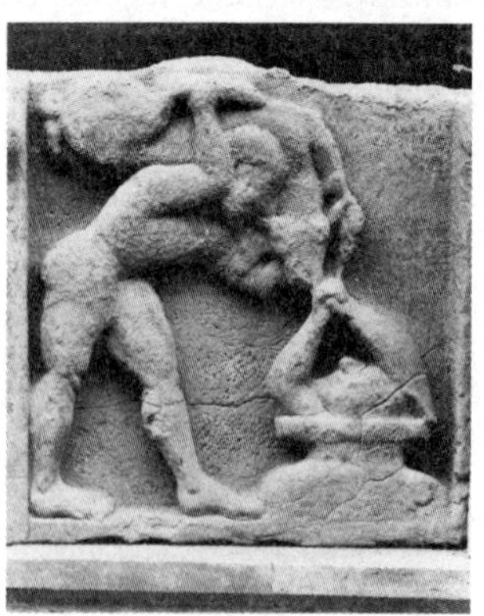

7 Herakles mit dem Eber, Metope eines Tempels vom Heraion am Sele-Fluss. Um 530 v. Chr. Paestum

Stärker auf die eigene Stadt bezieht sich der Bildschmuck des Tempels, den die Inselstadt Aigina für die lokale Göttin Aphaia errichtete. Die rundplastischen Skulpturen der Giebel, deren Bemalung sich z. T. rekonstruieren lässt, gehören in ihrer prallen Körperlichkeit und

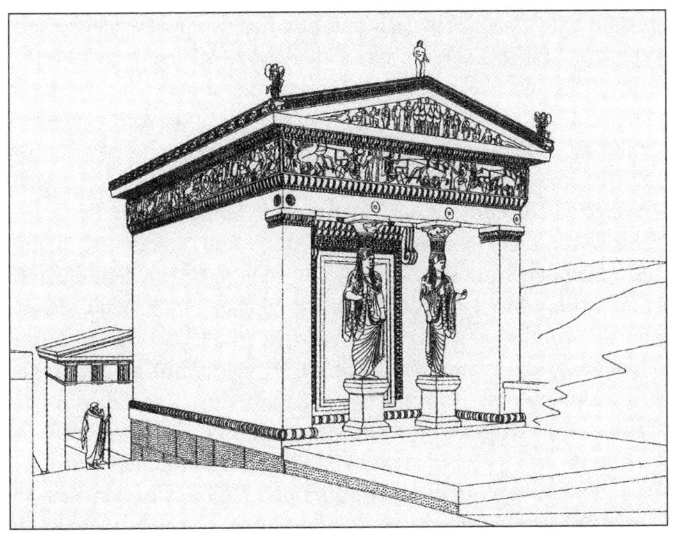

8 Schatzhaus der Insel Siphnos in Delphi, zeichnerische Rekonstruktion. Um 530 v. Chr.

agilen Beweglichkeit zu den herausragenden Zeugnissen spätarchaischer Kunst (Farbtaf. 1,1). Beide Kompositionen zeigen mythische Kämpfe unter dem Schutz der Athena: der Ostgiebel den ersten Feldzug von Griechen gegen Troia, unter der Führung des Telamon aus Aigina und des Herakles, der Westgiebel den späteren, bekannten Krieg, bei dem Telamons Sohn Aias eine zentrale Rolle spielte. Dabei kommt eine neue patriotische Emphase in den Bildschmuck: Während der in ganz Griechenland gefeierte Herakles als Bogenschütze eher am Rand steht, sind offenbar die aiginetischen Helden Telamon und Aias als die zentralen Krieger im Schutz der Athena dargestellt.

Schatzhäuser. Besonders spektakulär hat der Ehrgeiz konkurrierender Städte in Delphi Ausdruck in üppig geschmückten Schatzhäusern gefunden. Die Insel Siphnos, die durch ihre Silberminen zu großem Reichtum gekommen war, errichtete dort einen solchen Bau aus gleißendem Marmor, der über und über mit Skulpturen ausgestattet war (Abb. 8). Um alle vier Seiten des Gebäudes lief ein brillant gearbeiteter Fries, der prototypische Mythen der archaischen Adelsgesellschaft vor Augen führte. An der Eingangsfront präsentieren sich im Wettstreit miteinander die Göttinnen Hera, Athena und Aphrodite mit größter Anmut dem troianischen Königssohn Paris, der sich für die Göttin der Liebe und damit für das Leben mit der schönsten Frau, Helena, entscheidet. Auf dem anschließenden Fries entführen junge Helden reich gekleidete Frauen aus einem Heiligtum; ihre Benennung ist umstritten, sicher aber ist diese Entführung ein mythischer Prototyp menschlicher Hochzeiten, die als eine Art von Frauenraub begriffen wurden. Daneben führen zwei Themen in die männliche Welt des Krieges: Auf einem langen Fries kämpfen die Götter, in systematischer Komposition um Zeus gruppiert, gegen die Giganten und bewahren dadurch die Ordnung der Welt. In den Kreis der Heldenmythen führt der Kampf zwischen Achill und Memnon vor Troia, der von Zeus im Kreis der Götter mit der Schicksalswaage entschieden wird. In der ehelichen Verbindung und der kriegerischen Bewährung sind die zentralen Leitbilder der archaischen Gesellschaft aufgerufen.

All diese Mythen hatten in der gesamten griechischen Welt Geltung. Die stiftenden Bauherren, ob Städte oder Herrscher, trafen aber zweifellos eine bewusste Wahl solcher mythischen Leitbilder, die sie öffentlich vertreten wollten.

Ein neues Element wird dagegen bei dem Schatzhaus deutlich, das Athen bald nach 500 v. Chr. in Delphi errichtete. Der genaue Anlass, ob der Sieg gegen die Perser bei Marathon oder ein Ereignis kurz davor, ist umstritten, jedenfalls aber tritt hier eine Polis mit einem dezidiert patriotischen Helden auf: Neben Herakles mit seinen Heldentaten, der für alle Griechen das Leitbild männlicher Leistungskraft war, wird Theseus, den Athen nun emphatisch allein für sich in Anspruch nimmt, mit einem entsprechenden Zyklus von Taten in den Vordergrund gerückt. Damit ist, ähnlich wie in Aigina am Tempel der Aphaia, eine Möglichkeit der expliziten politischen Manifestation eröffnet, die in die Epoche der ‹Klassik› überleitet.

Kultbilder, Votivstatuen. Seit dem 7. und zunehmend im 6. Jh. wurden die zentralen Heiligtümer Stätten für die Ausbildung von Skulpturen in großem Format. Dabei kamen in bezeichnender Weise sowohl eigene griechische Erfordernisse als auch Anstöße von den Nachbarkulturen des östlichen Mittelmeers zur Wirkung.

Kultbilder. Die Tempel waren nicht Versammlungsräume der Gemeinde, sondern Häuser der Götter. Der Kult fand auf dem Vorplatz im Freien statt, aber er erforderte ein Bild der Gottheit im Tempel, auf das die Rituale des Kults sich beziehen konnten. Im Bild war die Gottheit in konkreter Weise präsent.

Von frühen Kultbildern hat sich so gut wie nichts erhalten. Aus Schriftquellen lässt sich erkennen, dass sie vielfach aus Holz waren, manchmal aus Brettern von wundersamer Herkunft, vom Himmel gefallen, aus dem Meer gefischt, dann zu menschlicher Form geschnitzt. Metall und Stein kamen später hinzu. Entscheidend war, dass die Kultbilder von begrenzter Größe, leicht tragbar und von ihrer Standfläche abnehmbar sein mussten: Das war durch ihre ‹lebendige› Einbeziehung in die Rituale gefordert. Sehr bezeichnend ist zudem, dass Tempelkultbilder, anders als christliche Altarbilder, immer rundplastisch waren. Die meisten Aufgaben von Bildwerken konnten gleichermaßen in Rundplastik, Relief oder Malerei erfüllt werden; doch die höchste körperliche Präsenz, die das Kultbild der Gottheit im Ritual verschaffen sollte, war offenbar nur in der vollen plastischen Form zu verwirklichen.

Für diesen rituellen Gebrauch war das Format der Bronzestatuetten des 8. Jh. v. Chr. nicht ausreichend: Die Kultbilder der Tempel müssen entschieden darüber hinausgegangen sein, wohl mindestens bis zu halber Lebensgröße. Sie müssen darum ein erster Anstoß zur Entstehung der Großplastik in Griechenland gewesen sein.

Eine häufige, aber offensichtlich falsche Vorstellung ist es, dass frühe Kultbilder betont primitiv gewesen seien und dadurch eine besondere religiöse Ehrwürdigkeit besessen hätten. Vor allem lässt sich ‹anikonische›, nicht-bildhafte Darstellung von Göttern in Griechenland nicht nachweisen: Es gab heilige Steine und dergleichen, die auch die Kraft von Gottheiten ein-

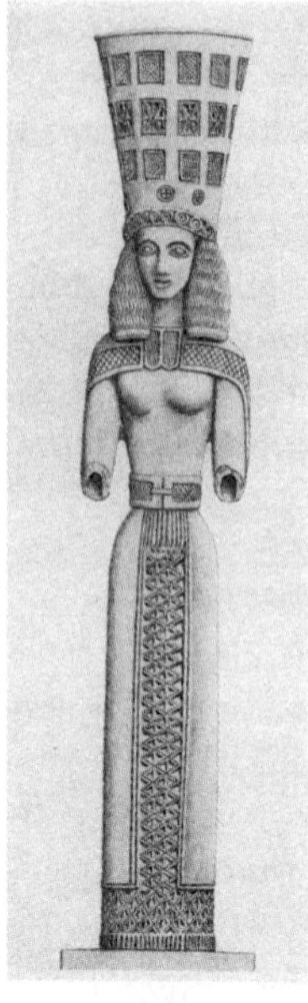

9 Holzfigur aus dem Heraion von Samos, zeichnerische Rekonstruktion. Um 630 v. Chr. Vathy/Samos

schlossen, aber sie waren keine Repräsentation der Gottheit im eigentlichen Sinn.

Die Kultbilder der Frühzeit aus Holz sind verloren. Die Bezeichnung früher Kultbilder als *xóanon* verweist nicht auf primitive Qualität, da die damit bezeichnete Schnitzkunst einen hohen Standard hatte. Eine Vorstellung davon können wohl kleinere Votivfiguren geben, die sich im Hera-Heiligtum von Samos im Grundwasser konserviert haben (Abb. 9). Erhalten sind aus dieser Zeit drei Kultbilder in getriebener Bronze, Apollon mit seiner Mutter Leto und seiner Schwester Artemis, die im Apollon-Tempel von Dreros (Kreta) auf einer Steinbank an der Rückwand aufgestellt waren.

Große und stabile Kultbilder aus gewichtigen Materialien sind erst aus dem 6. Jh. bezeugt. Berühmt war der Apollon von Delos, ein Werk der Künstler Tektaios und Angelion, aus Holz mit Zutaten von Gold. Im Grundschema der archaischen Jünglingsstatuen dargestellt, hielt der Gott in der linken Hand den Bogen, in der rechten drei Chariten mit Lyra, Sirynx und Flöten. Ein derart kompliziertes – und darum wohl mindestens lebensgroßes – Werk kann kaum mehr im Ritus bewegt worden sein.

Solche statischen Kultbilder entsprechen der Monumentalisierung des Tempelbaus im 6. Jh. Das gestiegene Selbstbewusstsein der städtischen Gemeinschaften suchte, über die alten Ritualbilder hinaus, einen neuen Ausdruck in repräsentativen Bau- und Bildwerken, deren visuelle Wirkung den religiösen Ritualen festliche Würde verlieh. Diese Form des Kultbildes blieb bis zum Ende der Antike grundsätzlich in Geltung.

Votivstatuen. Seit der 2. Hälfte des 7. Jh. v. Chr. nahmen die Weihgeschenke in den Heiligtümern oft monumentale und statische Formen an. Am beliebtesten waren Standbilder aus Marmor und anderen dauerhaften Werkstoffen. Anders als die Statuetten aus Bronze und Terrakotta, die wohl auf Tischen und Regalen abgelegt und nach einiger Zeit auch abgeräumt wurden, waren die Standbilder fest und auf Dauer an ihrem Platz fixiert, als bleibende Zeugnisse stolzer Frömmigkeit, mit denen in den gesamtgriechischen Kultstätten vor allem einzelne Stadtstaaten und Herrscher, in städtischen Heiligtümern individuelle Mitglieder der Oberschicht miteinander in Konkurrenz traten.

Die Votive von Städten zeichnen sich oft durch exzeptionellen und spektakulären Charakter aus. Der Inselstaat Naxos weihte in Delos ein Standbild von 9 m Höhe, das wahrscheinlich den Gott Apollon selbst darstellte, dessen Ausarbeitung und Aufrichtung eine unerhört kühne Meisterschaft in der Bewältigung des neu entdeckten naxischen Marmors bezeugte. Die Stadt Argos dagegen trat in Delphi mit einer Statuengruppe der berühmten Brüder Kleobis und Biton hervor, die in einzigartiger Frömmigkeit ihre Mutter auf dem Wagen in das Heiligtum der Hera gezogen hatten. Ebenfalls von Staaten oder Herrschern werden kostbare Bildwerke aus Elfenbein, Gold und Silber in Delphi gestiftet worden sein: Köpfe eines Mannes und einer Frau (Farbtaf. 3,1), unsicher ob Gottheit oder Mensch, und ein lebensgroßer Stier aus getriebenem Silber mit Vergoldung. Die einzigartigen Bildwerke sind durch frühe Vergrabung erhalten und lassen ahnen, wie viele Werke aus kostbaren Materialien verloren sind.

Die weitaus häufigeren privaten Weihungen bezeugen eine erstaunliche Fixierung auf junge Männer und Mädchen. Der junge Mann, *koúros* (Plural *koúroi*), tritt in Votiv- wie in Grabstatuen (Abb. 12) in einem festen Schema auf: mit nacktem Körper, den linken Fuß vorgesetzt, die Arme gesenkt, die Hände zur Faust geballt an die Oberschenkel gelegt. Der Typus ist offensichtlich, vielfach bis in Details, an Vorbildern aus Ägypten orientiert, die offenbar auch grundsätzlich den Weg zum großen Format gewiesen haben. Dabei werden zugleich bezeichnende Unterschiede deutlich: Während sich die ägyptischen Figuren im Rücken an einen Pfeiler oder eine imaginäre senkrechte Achse lehnen und das Bein schräg vorsetzen, stehen die griechischen Gestalten gleichmäßig, gewissermaßen ‹aus eigener Kraft›, auf beiden Beinen. Dem entspricht eine geradezu überschwengliche Entfaltung der Körperformen, die typisch griechische Ideale des athletischen Wettkampfs zum Ausdruck bringen: muskulöse Schenkel und kräftige Arme, beweglich knochige Gelenke, stark ausladendes Gesäß, gespannt eingezogenes Kreuz, breit ausladende Brust und Schultern. Vor allem die Bauchpartie ist ein Feld ständig neuer Versuche der Wiedergabe von trainierten Muskeln, zunächst als lineare Ornamente, dann immer mehr als plastische Schwellungen und Einziehungen.

Auch die Gestalt des Mädchens, *kóre* (Plural *kórai*), folgt einem allgemeinen Grundtypus: voll bekleidet, den linken Fuß nur ganz leicht vorgesetzt, als Ausdruck eingeschränkter Aktivität gegenüber den Männern. Das soziale Bild der Mädchen ist stark von den Kleidern geprägt, die eine reiche Differenzierung möglich machen. Dabei werden immer stärker sinnliche Wirkungen angestrebt: In spätarchaischer Zeit erscheinen die Gestalten mit raffiniert drapierten mehrschichtigen Gewändern teils reich überschüttet, teils hautnah umspielt (Abb. 10). Oft steigern sic die Eleganz des Auftretens mit gekonntem Hochraffen des Gewandes. Die Gesichter, beherrscht von dem ‹archaischen Lächeln› und umrahmt von kunstvoll frisierten, lang herabperlenden Haaren, strahlen einen schwer widerstehlichen sinnlichen Charme aus.

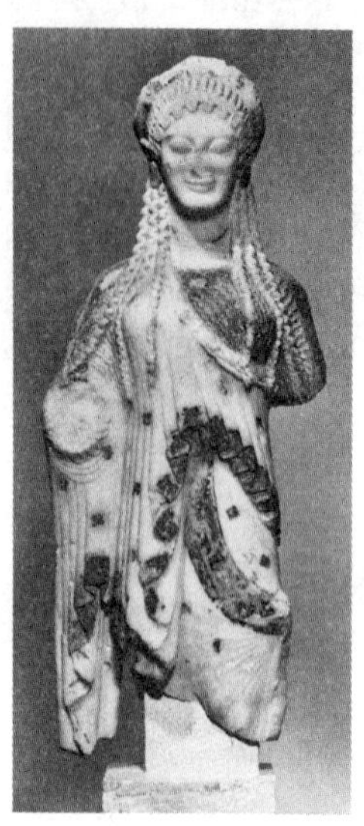

10 Votivstatue einer Kore. Um 520–510 v. Chr. Athen, Akropolis-Museum

Die Bedeutung der Kouroi und Korai ist trotz ihrer zentralen Rolle für die archaische Zeit nicht leicht zu bestimmen. Sicher ist, dass es sich tatsächlich um Darstellungen jugendlicher Gestalten handelt, nicht um verjüngend idealisierte Bilder von Erwachsenen höheren Alters. Offensichtlich sind es junge Männer und Mädchen, die als Bildwerke in den Heiligtümern aufgestellt wurden, so wie sie dort an den Festen tatsächlich auftraten, in der Pracht ihrer Kleider und der Anmut ihrer körperlichen Erscheinung.

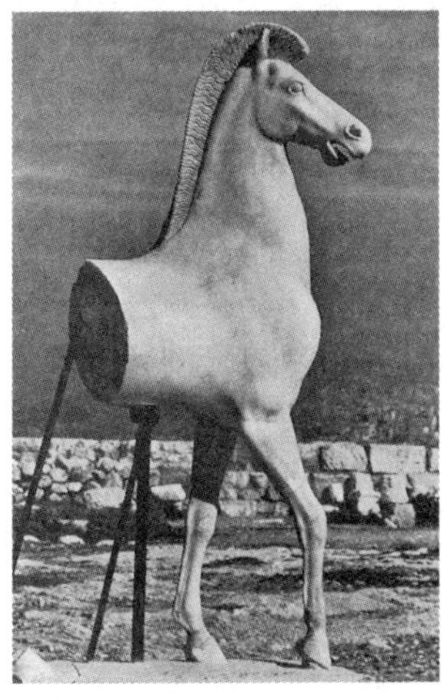

11 Pferd. Um 520 v. Chr. Athen, Akropolis-Museum

Daneben stellte die Oberschicht sich, wenngleich seltener, in weiteren Idealtypen dar: in Trägern von Opfertieren, als Verewigung ihrer frommen Haltung, in sitzenden Männern und Frauen, zum Ausdruck fürstlicher, religiöser oder gesellschaftlicher Würde. Sogar das Lagern beim Symposion wurde, trotz seiner wenig statuarischen Wirkung, im Osten als Motiv vornehmer Lebensform gewählt.

Hoher sozialer Anspruch wird in Athen in Bildern von Reitern und einzelnen Pferden verkörpert, die die Zugehörigkeit zu der vornehmen Besitzklasse der ‹Ritter› dokumentieren (Abb. 11). In ihrer hochgezüchteten Eleganz stellen die Tiere auffallend ähnliche Qualitäten wie die Kouroi dar: mit schmalen beweglichen Gelenken, kräftigen Hinterteilen und Oberschenkeln, breit gewölbter Brust und prächtig gewelltem Mähnenhaar.

Nur bei wenigen Votivstatuen geben Inschriften eindeutig kund, dass bestimmte Personen dargestellt sind. Bei sitzenden Würdenträgern, Reitern und Wagenbesitzern liegt ein Bezug auf den Stifter, auch wenn keine Inschrift das ausdrücklich sagt, zumindest nahe. Bei den Kouroi hat man an berühmte Vorfahren, bei den Korai an Töchter mit religiösen Funktionen gedacht. Die Inschriften lassen jedoch erkennen, dass die Bildwerke allgemein als ‹Erstlingsopfer› zum Dank für Erfolge verschiedener Art geweiht werden konnten, die nichts mit bestimmten Personen zu tun haben. Entsprechend wird kaum jemals ein Name genannt. Das könnte darauf hinweisen, dass hier allgemeine Bilder junger Männer und Mädchen gemeint sind. Es waren Bilder der jungen Generation, auf der die Hoffnung der Polis lag, die das schönste Geschenk für die Gottheit darstellten.

In den zentralen Kultstätten einiger Städte, vor allem in den Heiligtümern der Athena auf der Akropolis von Athen, der Hera auf Samos, des Apollon auf Delos und im Ptoion von Böotien, wuchsen diese Standbilder zu großen Zahlen an und stellten im Bild ideale Gemeinden von Teilnehmern am Götterfest dar. Bezeichnend sind die Orte der Aufstellung: insbesondere entlang des Weges vom Eingang in den heiligen Bezirk zum Tempel und um den Platz des Altars herum. Es waren die Wege und Orte der gemeinschaftlichen Rituale, der Prozessionen und der Darbringung von Opfern: Die lebenden Menschen vollzogen sie im Angesicht der bildlichen Verkörperungen ihrer idealen Normen und Leitbilder.

3. Grabdenkmäler

Grab und Gemeinschaft. Das Grab ist ein zentraler kultureller Ort, seit es menschliche Kultur gibt. Am Grab bewältigen die Lebenden die Herausforderung, die der Tod eines Mitglieds der Gemeinschaft darstellt: in Ritualen, Wort und Bild. Die Formen dieser Bewältigung wechseln von Kultur zu Kultur.

Für das Christentum ist der Tod vor allem der Übergang aus dem irdischen Dasein in ein ewiges Leben. Aus dieser Sicht hat die Forschung auch für die Antike vielfach eine starke Orientierung der Grabkunst auf das Leben nach dem Tod vorausgesetzt. Tatsächlich aber ist die antike Grabkultur in einem erstaunlichen Maß dem Leben zugewandt. Die antike Sicht des Todes ist von der des Christentums weit entfernt.

Die Grunderfahrung des Todes war, dass die Gemeinschaft der Lebenden gestört und zudem durch den ortlosen Geist des Verstorbenen bedroht ist. Ihn im Grab in rituellen Formen zu bestatten, bedeutete zum einen, diese Bedrohung zu beenden, und zum anderen, ihm einen neuen Ort im Verhältnis zu den

Lebenden zuzuweisen: den physischen Leichnam zu einem kulturellen Toten zu machen. Auf diese Weise konstituierte sich die Gemeinschaft wieder neu, mit Einschluss des Toten, der im ehrenden Gedächtnis eine neue Rolle zugewiesen bekam. Das Grab ist die Fixierung seines Ortes: Dort war in Zukunft sein Haus, wo die Lebenden mit ihm Umgang pflegen konnten.

Schon früh setzte man Zeichen auf das Grab, um ihm nach außen sichtbare Gestalt zu geben. Eine besondere Steigerung waren die Errichtung eines hohen Hügels und die Aufstellung einer Stele, zunächst wohl öfters aus Holz, seltener aus Stein. Bei Homer werden Grabhügel und Stele ein «Ehrengeschenk für die Toten» genannt: Die Toten gehören, mit den Göttern, zu der idealen Gesellschaft der Menschen, darum wird auch mit ihnen der Umgang in der Form des Geschenks vollzogen.

In den zusammenwachsenden frühen Städten waren die Gräber nicht in Friedhöfen aus dem täglichen Leben ausgegrenzt, sondern säumten vor allem die Überlandstraßen vor der Stadt. Dort hielten sie bedeutende Mitglieder der führenden Familien in Erinnerung. Diese Heraushebung von Individuen setzt größere Gemeinschaften voraus.

Die früheste Praxis der Errichtung von Grabmälern, im 8. Jh. v. Chr., wurde aus dem Brauch entwickelt, den Toten Gefäße mit ins Grab zu geben: In Athen wurden über dem Grab einzelne, immer größere Gefäße aus Ton aufgestellt, die schließlich weit über das Format des praktischen Gebrauchs gesteigert wurden und als hoch aufragende Zeichen wirkten. Für Männer wurden in der Regel Kratere, Mischgefäße für den Wein zum Symposion, für Frauen bauchige Amphoren für Vorräte des Haushalts verwendet. In ihrem monumentalen Format wurden solche Gefäße eigens für das Grab und seine öffentliche Wirkung hergestellt. Diese Intention führte schließlich zur Ausbildung figürlicher Bemalung, vor allem mit Szenen des Totenkults (s. S. 44, Abb. 14).

Standbilder und Stelen. Nachdem griechische Bildhauer großformatige Bildwerke in dauerhaften Materialien herzustellen gelernt hatten, lag es nahe, die Toten in aufrechter Gestalt präsent zu halten. Vereinzelt im 7. und vermehrt im 6. Jh. v. Chr.

wurden an den Gräbern Standbilder der Verstorbenen errichtet, später kamen schlanke, plattenförmige Stelen mit Figuren in Relief, seltener auch in Malerei hinzu. Einzigartig dicht und glanzvoll hat sich die Grabkunst in Athen entwickelt; in anderen Regionen bleiben aufwendige Grabbilder seltener.

Solche Monumente, meist aus kostbarem Marmor gearbeitet, konnten nur in besonderen Fällen und nur von reichen Familien errichtet werden. Umso erstaunlicher ist es, welche Verstorbenen für diese hohe Ehrung ausgewählt wurden. Denn die Statuen und Reliefs der vornehmen Gräber galten in der Regel nicht den mächtigen und ehrwürdigen Oberhäuptern der Familien, sondern ganz anderen Gruppen: vor allem früh verstorbenen jungen Männern und Mädchen.

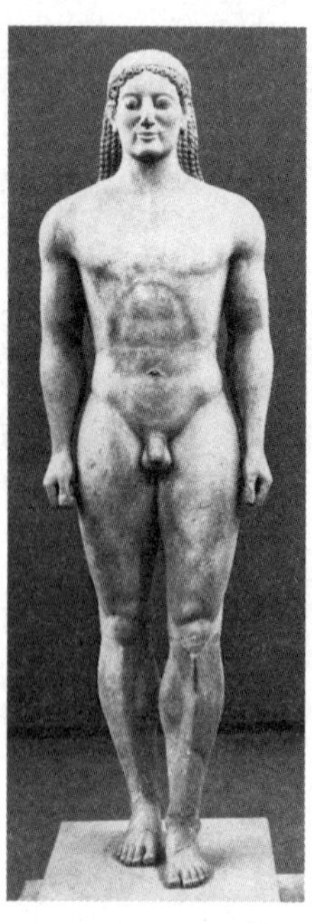

12 Grabstatue des Kroisos. Um 530 v. Chr. Athen, National-Museum

Unter den freistehenden Standbildern ist der Typus des Kouros, des nackten jungen Mannes, das bei weitem häufigste Motiv (Abb. 12). Wie die Kouroi in den Heiligtümern sind die Standbilder auf den Gräbern ohne spezifische Kennzeichnung, rein im Glanz ihrer athletischen Körper, prächtig perlenden Haare und anmutig lächelnden Gesichter dargestellt. Jugendlich waren möglicherweise auch Reiterstatuen, von denen sich Reste erhalten haben; Sitzfiguren älterer Männer mit Manteltuch stellten eine Ausnahme dar. Etwas näher charakterisiert sind die männlichen Figuren auf den Reliefstelen: etwa als junge Athleten mit dem Diskos oder mit Boxriemen, als begehrenswerte Jünglinge mit Blüten oder Salbölfläschchen, daneben auch als ältere Männer mit kriegerischer Ausrüstung oder priesterlichen Attributen.

Seltener, aber zum Teil von erstrangiger künstlerischer Qualität, sind Grabmäler für junge Frauen. Als freiplastische Korai treten sie in mädchenhaftem Liebreiz auf. Dagegen erscheinen auf Stelen auch vornehm sitzende Frauen; darunter in einem wunderbaren Fragment eine junge Mutter mit ihrem kleinen Sohn auf dem Schoß (Abb. 13).

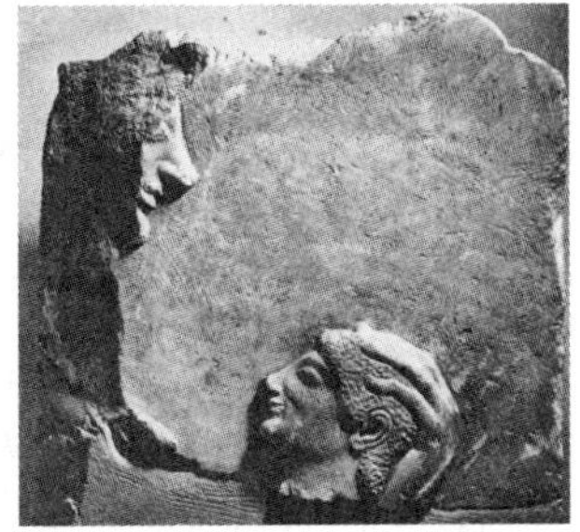

13 Grabstele mit Mutter und Kind. Um 520 v. Chr. Athen, National-Museum

Die Standbilder und Stelen zeigen keine individuellen Porträts. Die Eigenschaften der Verstorbenen sind die Normen der Gesellschaft. Mit einfachen Bildformeln werden zentrale Leitbilder der Aristokratie vor Augen geführt: Athletik, Krieger- und Priestertum, männliche und weibliche Schönheit. Dem entspricht hohe künstlerische Qualität: Signaturen bestätigen, dass anspruchsvolle Grabmäler von denselben Bildhauern wie die großen Staatsaufträge gearbeitet wurden. Standbilder und Stelen bezeugen hohen sozialen Rang.

Doch das ist nicht alles. Der starke Nachdruck, mit dem vor allem jugendliche Verstorbene im Bild präsent gehalten werden, wird von Grabinschriften, meist dichterischen Epigrammen, erläutert. Immer wieder wird vor allem das Schicksal beklagt, dass der Tod die Verstorbenen vorzeitig ereilte, bevor sie die Blüte des Lebens erreicht hatten. Ebenfalls widernatürlich war der Tod in der Fremde, der von auffallend vielen Grabdenkmälern in Athen bezeugt wird. Offenbar waren es nicht fahrende Händler, sondern vor allem vornehme Männer, die aus politischen Gründen ihre Heimat verlassen hatten und von ihren Angehörigen in fremdem Boden bestattet werden mussten.

Die Klage über den Verlust des Lebens ist der Grund für die vitale Diesseitigkeit der Grabbilder. «Schau das Denkmal des Kleoitas an und klage, wie schön er war und doch sterben musste», spricht ein Grabepigramm den Betrachter an: kein Gedanke an das Jenseits, sondern Preis des Lebens – unter dem Vorzeichen seines Verlustes. Neben den eher normativen Statuen und Stelen bringen einige exzeptionelle Denkmäler diese

Haltung mit überraschender Direktheit zum Ausdruck. Auf der Insel Kos etwa schmückte ein vornehmer Bürger sein Grab mit einem Relief, auf dem ein wildes Gelage mit offenem Sex und Volltrunkenheit geschildert wird.

In diesem Zusammenhang ist wohl auch ein Grabbild ganz anderer Art zu sehen: das berühmte Deckengemälde einer Grabkammer in Poseidonia/Paestum, das einen jungen Mann beim Kopfsprung von einem Turm ins Wasser zeigt (Farbtaf. 1,2). Das Bild steht in der Tradition der Grabmalerei von Etrurien, besonders Tarquinia, die ihrerseits die griechische Technik der Freskomalerei übernommen hat. Aus dem Grab von Poseidonia lässt sich erkennen, wie stark an einzelnen Orten der griechischen Welt Sonderformen der Kunst entwickelt werden konnten; es ist überdies eines der wenigen erhaltenen Beispiele der großen griechischen Malerei. Um die Wände der Grabkammer ist ein lebensvolles Symposion geschildert. Das Motiv des ‹Tauchers› ist vielfach als allegorische Darstellung eines Todessprunges in das Leben im Jenseits verstanden worden. Besser bezeugt ist jedoch die Sitte der zeitgenössischen Jugendlichen, ihre rituelle Körperausbildung in der freien Natur über Jagd und Athletik hinaus auf Badespiele im Meer auszudehnen. Auch hier wird wohl angesichts des Todes das Leben in seinen höchsten Freuden evoziert.

Der existentielle Rahmen dieser Grabkunst geht über soziale Leitbilder hinaus. Gleichwohl ist es nicht individuelle Trauer, die sich in den Denkmälern zum Ausdruck bringt. Der Verlust des jungen Lebens betrifft die Gemeinschaft, die von den Bildwerken angesprochen wird. Denn die Unterbrechung der Folge der Generationen, die das Fortbestehen der Familie gefährdet, fügt auch der Gemeinschaft Schaden zu. Diesem Verlust sollen die Bildwerke entgegenwirken.

4. Festkultur und Totenkult: Bemalte Keramik

Lebenskontexte. Im gesellschaftlichen Leben der frühen Polis spielte der Besitz eines reich ausgestatteten Haushalts eine zentrale Rolle. Kostbare Möbel, Geräte und Gefäße, dazu vornehme

Kleidung und Schmuck bezeugten Wohlstand und Prestige. Diese Besitztümer kamen vor allem bei den festlichen Höhepunkten des gemeinschaftlichen Lebens zur Wirkung: bei den religiösen Festen der Stadt und der Familien und bei den Symposien der Männergemeinschaften. Unter der Vielfalt solcher Ausstattung für gehobene Situationen des Lebens sind die bemalten Gefäße aus gebranntem Ton, der zwar zerbricht, aber nahezu unbegrenzt haltbar ist, die bei weitem bestbekannte Gattung. Sie stehen an Wert hinter anderen, weniger resistenten Materialien zurück, aber die Malerei hebt sie deutlich über die schlichte Gebrauchskeramik hinaus.

Ausstattung mit reichem Besitz war nicht nur ein Erfordernis der Lebenden, sondern auch der Toten. Im Grab wurden die Verstorbenen standesgemäß mit Beigaben bedacht: mit Gefäßen und Geräten aufwendiger Lebensführung, Waffen und Schmuck, wie sie sie auch im Leben besessen und gebraucht hatten. Vor allem waren es die Gegenstände des vornehmen Festmahls und Festtrinkens, der zentralen Lebensformen der frühen Gemeinschaften, die bei den Begräbnissen als Ehrengaben dargebracht und in den Gräbern deponiert wurden. Weil diese Lebensformen den Verstorbenen auch nach ihrem Tod erhalten werden sollten, unterscheiden die Beigaben sich oft nicht grundsätzlich von den vornehmen Gebrauchsgegenständen der Lebenswelt; vielfach lässt es sich nicht bestimmen, ob ein Gegenstand aus dem Lebenskontext mit ins Grab gegeben oder eigens für das Begräbnis hergestellt wurde. Das gilt insbesondere für die bemalte Festkeramik, die sich zur wichtigsten Art der Grabbeigabe entwickelte. Für die Gemeinschaften beim Festmahl wie beim Grabritual wurde seit der 2. Hälfte des 8. Jh. v. Chr. eine figürliche Bilderwelt auf den Gefäßen ausgebildet.

Die Bilderwelt der bemalten Keramik ist ein ungemein reiches, unter den antiken Kulturen einzigartiges Zeugnis von Vorstellungen, die den Griechen in den Jahrhunderten dieser Produktion von Bedeutung waren. Dabei sind die Themen nur in geringem Maß auf die Situationen bezogen, in denen die Gefäße verwendet wurden. Beim Götterfest wie beim Symposion stand allgemein die Zusammenkunft der festlichen Gemeinschaft mit ihren zentralen Wertvorstellungen im Vordergrund; auch bei den Totenfeiern versicherte die Gemeinschaft der Lebenden sich ihrer Zusammengehörigkeit und ihrer Leitbilder.

Epochen und Orte der Produktion. Seit der Wende zum 1. Jahrtausend v. Chr. wurde in Griechenland für die Keramik der gehobenen Ansprüche ein neuer Stil der Bemalung mit strengen Mustern entwickelt, von dem die ganze Epoche den Namen ‹geometrisch› erhalten hat (‹protogeometrisch›: 1000–900, ‹geometrisch›: 900–700 v. Chr.). In deutlicher Abkehr von den stärker fließenden Formen der ausgehenden Bronzezeit werden die Gefäße nun in ihrer keramischen Form schärfer artikuliert und durch ihren aufgemalten Dekor in einfachen Grundformen gegliedert: vorherrschend sind Halbkreise, Rauten, Dreiecke, Zickzack und Schachbrett; in der ‹geometrischen› Epoche ab 900 kommt der Mäander als Leitmotiv hinzu. Das führende Zentrum dieser Zeit war Athen: Vor allem dort entstand, nach wenigen versprengten Vorläufern, um die Mitte des 8. Jh. eine reiche figürliche Malerei, die Rituale des Grabkults und andere bedeutungsvolle Szenen der frühen Adelskultur vor Augen stellt (Abb. 14, 15).

Dies Repertoire von Dekorationsformen wurde um 700 v. Chr. von einem neuen Stil abgelöst, der auf verstärkten Kontakten zum Vorderen Orient, vor allem zu den Städten Phönikiens, beruhte (‹orientalisierende› Zeit, 700–620 v. Chr.). Das wichtigste Zentrum der Produktion von Keramik, mit weiträumigem Export in die ganze griechische Welt und bis nach Etrurien, war im 7. Jh. Korinth. Hier war die sog. schwarzfigurige Malweise durch eine hochentwickelte Brenntechnik zu großer Perfektion entwickelt worden (Abb. 16): Die Figuren wurden als schwarz glänzende Silhouetten auf den hellen Tongrund gemalt, zum Teil mit Rot und Weiß bereichert und durch präzise Ritzlinien gegliedert. Damit wurde ein Figurenstil angestrebt, in dem die Körper in einheitlich großflächiger Form wiedergegeben werden konnten. Die wichtigsten Motive waren Friese von Tieren und Monstern der Wildnis, die am deutlichsten die Ableitung von orientalischer Bildkunst bezeugen.

Seit dem frühen 6. Jh. gewann Athen seine führende Stellung

zurück und beherrschte dann mehr und mehr auch den gesamtgriechischen Markt (Farbtaf. 2,1). Andere Zentren, neben Korinth (Abb. 18, 22) besonders Sparta, Böotien, Eretria und Milet, blieben in der Verbreitung ihrer Erzeugnisse mehr auf die heimischen Regionen beschränkt und verloren gegen Ende der archaischen Zeit immer weiter an Bedeutung.

Letzten Endes aber genügte diese Technik, in der nur die Umrisse und Flächen in Malerei, die Details aber in Ritzung angegeben wurden, den Anforderungen der rasant fortschreitenden Erfassung von Körpern und Gewändern nicht mehr. Um 530 v. Chr. kehrte man darum die Malweise um: Jetzt wurden der Malgrund schwarz abgedeckt und die Figuren ausgespart, so dass ihre Details mit einem feinen Haarpinsel auf den hellen Tongrund gemalt wurden (Farbtaf. 2,2). In dieser ‹rotfigurigen› Technik hat eine Gruppe von ‹Pionieren› sogleich Figuren und Szenen von außerordentlicher Kühnheit gemalt, mit Drehungen, Verkürzungen und Überschneidungen. Nach einer Generation hat sie sich weitgehend durchgesetzt.

In Athen kann eine zunehmende Spezialisierung zu einem hochentwickelten Handwerk beobachtet werden. Signaturen lassen das Selbstbewusstsein des Könnertums erkennen: Töpfer, in der Regel die Besitzer der Werkstatt, zeichnen mit «[Name] hat es gemacht» (*epoíesen*), Maler mit «[Name] hat es gezeichnet» (*égraphsen*). Maler und Werkstätten lassen mehr oder minder deutlich charakteristische Stilformen erkennen. Dadurch hat man viele Maler identifiziert, die nicht namentlich signiert haben; sie wurden mit konventionellen Namen nach einem charakteristischen Thema (‹Gorgo-Maler›), dem Aufbewahrungsort eines wichtigen Gefäßes (‹Heidelberger Maler›), einem mit ihnen verbundenen Töpfer (‹Andokides-Maler›) oder anderen Merkmalen benannt. Einige dieser Maler sind als Persönlichkeiten mit individuellen Themen und Ausdrucksformen zu erkennen, etwa Klitias (Farbtaf. 2,1), der Amasis-Maler, Exekias (Abb. 23). Insgesamt jedoch ist die Vasenmalerei kaum mit den Kategorien eines individuellen Künstlertums zu erfassen, sondern hält sich im Rahmen eines hochentwickelten Handwerks; ihre Bilderwelt entspricht, trotz starker Differenzierung, den kollektiven Vorstellungen der städtischen Oberschichten.

Bildthemen der frühen Polis. Die frühesten Malereien figürlicher Szenen entstanden im 8. Jh. auf großen, eigens für den Grabkult gefertigten Gefäßen: auf den Behältern für die Asche der Toten und auf monumentalen Krateren und Amphoren, die über dem Grab aufgestellt wurden. Die Themen sind große Rituale des Totenkults, die ihren sozialen Platz nicht innerhalb einzelner Familien, sondern in der größeren Gemeinschaft der Standesgenossen hatten. Die Figurenmalerei ist in ihren Anfängen nicht ein allgemeines künstlerisches Zeitphänomen, sondern hat eine Funktion an einem bestimmten historischen Ort: Sie ist in einer einzigen Werkstatt in Athen entstanden, für die dichte Führungsschicht des ‹städtischen› Zentrums, die diese Rituale entwickelte. Die attische Bilderwelt des 8. Jh. ist im Rahmen der Entstehung der Polis zu verstehen.

Aus dem großen Spektrum der Totenzeremonien werden wenige charakteristische Rituale zur Darstellung gebracht. In der Sphäre des Hauses wird die Aufbahrung des Toten (*próthesis*) in Szene gesetzt: Hier, im Drinnen, herrschen Frauen und die Emotionen der Klage vor. Auf der großartigsten erhaltenen Amphora (Abb. 14) steht im Zentrum das kunstvoll gezimmerte Totenbett; darauf der ausgestreckte Leichnam, ausnahmsweise eine Frau, unter einer Totendecke, die im Bild hochgeklappt sichtbar gemacht ist. Am Kopfende berührt eine Tochter im langen Kleid das Bett der Mutter. Das Klageritual wird in strenger Differenzierung der expressiven Rollen von Frauen und Männern geschildert.

Ergänzend dazu werden bei dem feierlichen Zug zum Grab (*ekphorá*) Glanz und Ruhm der Adelsgesellschaft vor Augen gestellt (Abb. 15). Sie präsentiert sich in Prozessionen von Männern mit Schilden auf vierspännigen Wagen: adelige Standesgenossen, die dem Verstorbenen das Geleit geben und als Krieger und Pferdebesitzer seinen sozialen Rang bezeugen.

Die Verstorbenen werden in diesen Szenen nicht als Personen gerühmt, sondern als Tote geehrt; sie werden nicht durch individuelle Leistungen im Gedächtnis bewahrt, sondern aufgrund

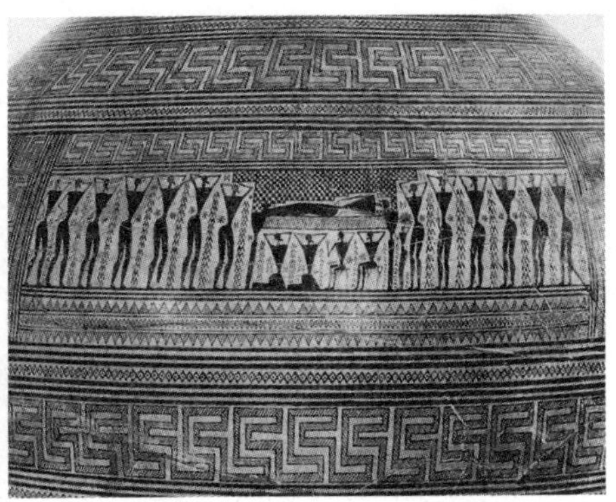

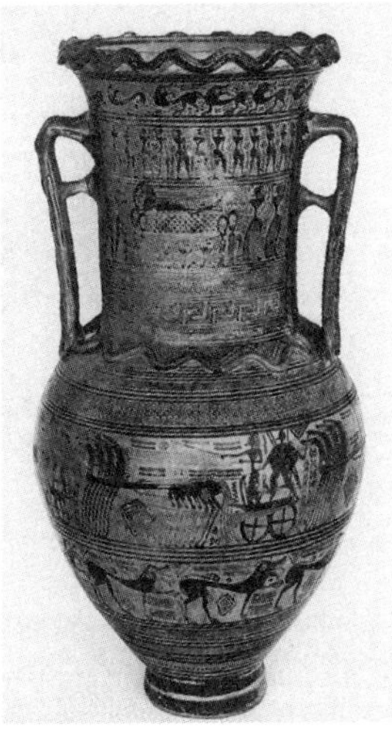

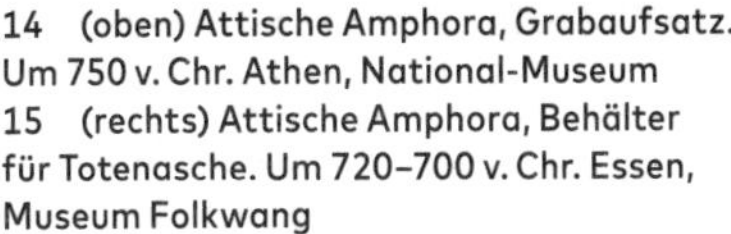

14 (oben) Attische Amphora, Grabaufsatz. Um 750 v. Chr. Athen, National-Museum
15 (rechts) Attische Amphora, Behälter für Totenasche. Um 720–700 v. Chr. Essen, Museum Folkwang

der Ehre, die ihnen durch die Gemeinschaft erwiesen wird. Ebenso wird auf den Grabgefäßen der Krieg, die Sphäre des größten Ruhmes in der Frühzeit, ohne herausgehobene Einzelfiguren geschildert. Andere Gefäße, wie sie vor allem beim gemeinsamen Festmahl in Gebrauch waren, zeigen Szenen der sich formierenden Adelskultur: Tänze bei religiösen Festen, athletische Spiele, Jagd. Auch hier stehen nicht Leistung und Ruhm von Einzelnen, sondern Lebenssphären von Gemeinschaften im Blick. Der Rang eines Menschen bestimmt sich durch die Zugehörigkeit zu einer Gruppe, die ihm die Ehre erweist und seine Gleichrangigkeit bestätigt, und zu einer kulturellen Welt, in der diese Oberschicht ihre Entfaltung sucht.

Diese Adelskultur der entstehenden Polis wird von Anbeginn mit einer Gegenwelt konfrontiert: der wilden Natur. Bereits auf den Gefäßen der ‹geometrischen› Zeit rahmen Friese von friedlichen wie wilden Tieren die Szenen der menschlichen Kultur: äsende Rehe, lagernde Steinböcke, pickende Wasservögel und grasende Pferde, daneben Löwen (Abb. 15) und sogar Kentauren, die Mischwesen aus Mensch und Pferd. Schon im 8. Jh. werden hier Anregungen aus dem Orient in den Silhouettenstil

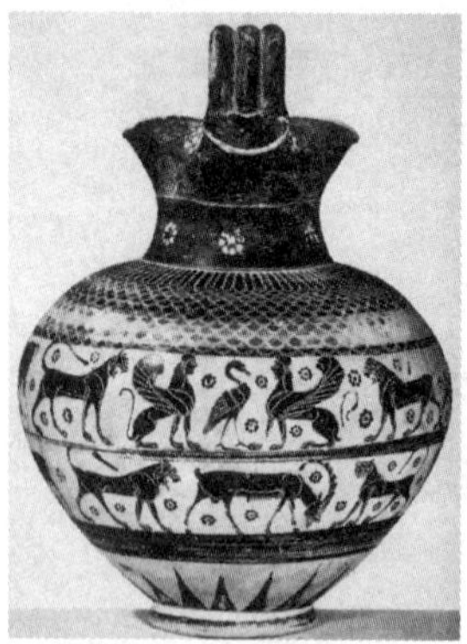

16 Korinthische Kanne mit Tierfriesen. Um 630 v. Chr. Basel

der geometrischen Kunst umgesetzt worden sein; im 7. Jh. wurden dann die Tierfriese mit Löwen und Panthern, Stieren und Ebern, Steinböcken und Wasservögeln, dazu mit phantastischen Mischwesen wie Sphingen, Greifen, Sirenen und anderen Monstern in enger Anlehnung an orientalische Vorbilder gestaltet (Abb. 16). Bis zum Ende des 7. Jh. ist diese Welt der wilden Natur das wichtigste Thema der Bildkunst, auch danach bleibt sie in Transformationen bis zum Ende der Antike von Bedeutung. Diese Tierfriese sind die große inhaltliche Antithese zur Welt der Polis: zwar keine Wiedergabe realer Naturerfahrung, sondern ein kulturelles Konzept – aber ein Konzept, das die reale eigene Welt erfasst und deutet.

Seit der Zeit um 700 v. Chr. wird die Konfrontation mit Gegenwelten der Kultur auch in Mythen zur Darstellung gebracht. Zum einen wurde die Kultur der Polis, mit städtischem Zentrum und umgebendem Fruchtland, von den wilden Randzonen der Berge und Wälder abgesetzt, in denen die Sicherheit und die Normen der kulturellen Lebensordnung aufgehoben waren. Diese Situation prägt vor allem viele Mythen des Herakles, der Bestien und Monster besiegt, die die menschliche Gemeinschaft in Gefahr bringen: etwa den Löwen von Nemea, der die Herden bedroht und die Überlandwege unsicher macht; oder die Kentauren, die in ihrer Geilheit sich an Frauen vergreifen und in ihrer Trunksucht in das vornehme Gelage einbrechen. Zum anderen wurde die gesamte griechische Kulturwelt der Unkultur in fernen Ländern entgegengesetzt, wo griechische Seefahrer die Regeln der eigenen Lebensordnung und die gewohnten Formen der Natur nicht mehr in Geltung fanden. Solche Erfahrungen wurden in Mythen von Helden zum Ausdruck gebracht, die an den ‹Rändern der Welt› gegen grauenvolle Schreckensgestalten

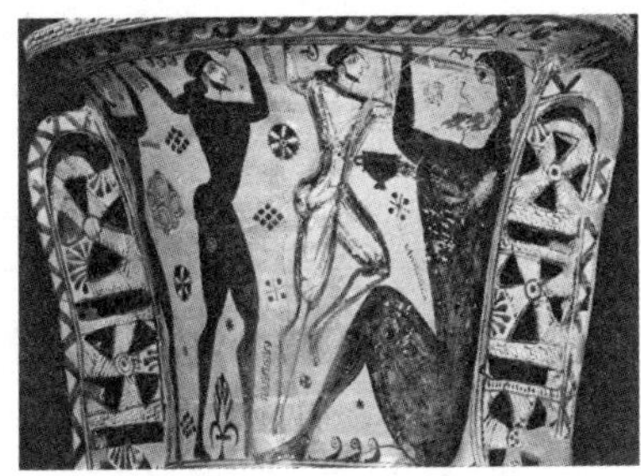

17 Attische Amphora mit Odysseus und Polyphem. Um 660 v. Chr. Eleusis, Museum

zu kämpfen hatten: Perseus gegen die Gorgo, deren Anblick zur Versteinerung führt; oder Odysseus und seine Gefährten, die sich vor dem einäugigen Menschenfresser Polyphem retten (Abb. 17). In den Mythenbildern wird die entstehende griechische Lebenskultur gegen die Bedrohung durch Wildheit und Ungesetzlichkeit definiert.

Mythen und religiöse Kulte lassen erkennen, dass die Gründung der frühen städtischen Siedlungen konzeptionell als Schutz und Selbstbehauptung gegen die Mächte der Natur gedacht wurde. Solche Wildnis hielt man sich in Bildwerken beim Symposion, bei den Grabritualen und in anderen Situationen des gemeinschaftlichen Lebens vor Augen: Die Welt des städtischen ‹Drinnen› wurde offenbar lange Zeit als Insel der menschlichen Ordnung in einer Umwelt der bedrohlichen Unordnung gesehen.

Bildthemen der archaischen Adelskultur. In den Jahrzehnten um 600 v. Chr. führte die Entwicklung der Polis zu einer starken Intensivierung adeliger Lebensformen. Die führenden Familien bildeten eine aufwendige Festkultur aus, beim Gelage der Männer (*symposion*), bei der Hochzeit, beim Kult für die Toten. Mit den vornehmen Standesgenossen kam man zur Jagd und zu den athletischen Wettkämpfen zusammen. Größere Gemeinschaften vereinigten sich in Kriegszügen gegen äußere Gegner und vor allem bei den Ritualen der städtischen Götterfeste. Die bemalten Tongefäße sind das eindrucksvollste Zeugnis dafür, wie stark diese Lebensformen jetzt die Gesellschaft prägten.

Das Symposion war im späten 7. Jh. v. Chr. zu einer luxuriösen Lebensform vornehmer Trinkgemeinschaften ausgebildet

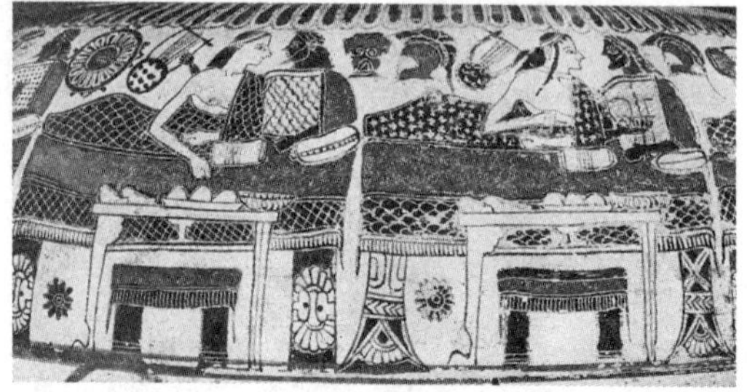

18 Korinthischer Kratér mit Symposion. Um 600–575 v. Chr. Paris, Louvre

worden, indem aus dem Orient die Sitte des Lagerns auf einem Ruhebett (*kline*) eingeführt worden war. Auf einem Weinmischgefäß (*kratér*) aus Korinth (Abb. 18) liegen die Zecher mit Hetären – Ehefrauen waren nicht zugelassen – auf kostbaren Möbeln und verkörpern in ihrer Reihung das Ideal der Gleichheit innerhalb der Oberschicht; prunkvolle Kampfschilde, die an den Wänden des Gelageraumes aufgehängt zu denken sind, stellen den Stolz der Kriegerklasse vor Augen.

Kollektiven Charakter haben auch die athletischen Wettkämpfe; in Athen waren sie durch die Neuordnung der Festspiele für die Stadtgöttin Athena 566 v. Chr. zu einer Sache der gesamten Bürgerschaft gemacht worden. Vor allem auf den Amphoren, in denen die Sieger wertvolles Öl als Preis erhielten, wurden die betreffenden athletischen Disziplinen in immer größerer Variation von Bewegungen entfaltet (Abb. 19). Dasselbe Körperideal der Schnelligkeit, Spannkraft und Schönheit wurde bei der Jagd auf Wild und Kleintiere zur Darstellung gebracht.

Hohes aristokratisches Ethos prägt nicht zuletzt die Szenen

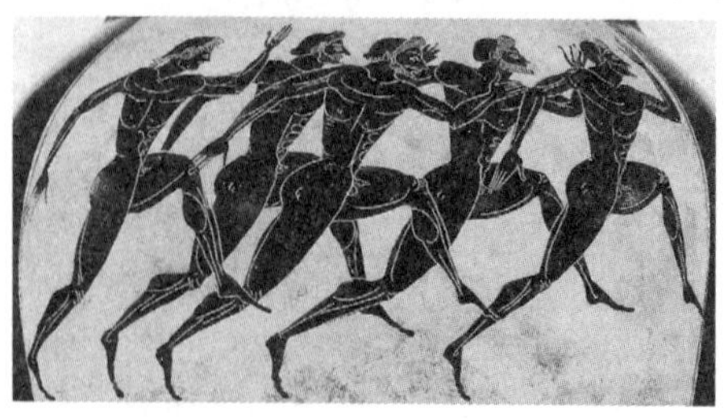

19 Attische Amphora für Panathenäen-Fest. Um 520 v. Chr. New York

des Krieges, in denen ein breites Panorama typischer Szenen, vom schicksalsschweren Abschied von der Familie über den mutigen Kampf bis zum ruhmreichen Tod entfaltet wird. Was fehlt, ist der siegreiche Ausgang: In erstaunlichem Maß stehen mehr der Mut im Kampf und die Bereitschaft zum Tod als der Triumph des Sieges im Vordergrund des kriegerischen Ethos.

Nur in scheinbarem Gegensatz dazu stehen Szenen aus Handwerk und Handel. Denn vor allem geht es dabei um die Produzenten jener Luxusgüter, mit denen die Oberschicht ihren hohen Lebensstil auslebte: Bildhauer meißeln Votivfiguren für die Heiligtümer, Schuster fertigen vornehme Sandalen, Töpfer stellen Trinkgeschirr für die Symposien her, Händler verkaufen Fisch und Fleisch für die Gastmähler. Es war der Dienst für den Lebensstandard der Oberen, der die Unterschichten bildwürdig machte.

In den Bildern der Mythen erscheinen die Themen der Lebenswelt teils auf die höhere Ebene der vorzeitlichen Heroen projiziert, teils zu extremen Situationen ausgespielt.

Der feste Bestand der Weltordnung muss damals so wenig selbstverständlich gewesen sein, dass er immer wieder emphatisch in Mythenbildern beschworen wurde. Die Götter schließen sich im gemeinsamen Kampf gegen die schwer gerüsteten Giganten zusammen, die ihr Reich auf dem Olymp zu erstürmen suchen und ihre Herrschaft gefährden. Der Stamm der Lapithen wehrt die Bedrohung der Kentauren ab, die bei der Hochzeit ihres Königs, vom Wein berauscht, die Braut und die Mädchen und Knaben der Hochzeitsgesellschaft überfallen. Herakles und seine Gefährten bekämpfen die Amazonen, die die Hochzeit verweigern und die männliche Domäne des Krieges beanspruchen. Es waren die Grundlagen der Lebensordnung in den städtischen Gemeinschaften, die in den Mythen gegen bedrohliche Kräfte verteidigt wurden: göttliches Recht gegen Aufruhr, kontrolliertes Verhalten gegen ungezügelte Triebe, die Rollen der Geschlechter gegen willkürliche Selbstsucht.

Eine konstitutive Lebensform der städtischen Oberschichten, das Trinkgelage der Männer, stand unter der Herrschaft des Dionysos. In zahllosen Bildern des Gottes und seiner vitalen Schar von naturwüchsigen Satyrn und Mänaden werden vor

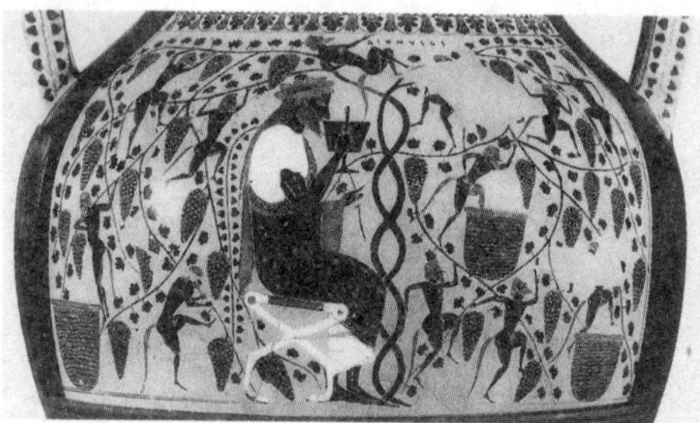

20 Attische Amphora mit Dionysos und Satyrn bei der Weinlese. Um 540 v. Chr. Boston

allem die entfesselnden Wirkungen des Weines beim Tanz und anderen gemeinschaftlichen Lebensfreuden ausgemalt. Dieser Bereich dionysischer Wunschbilder war auch ein Impuls, die stark von der menschlichen Figur dominierte Bildkunst in Richtung auf eine üppig wuchernde Natur hin zu öffnen (Abb. 20).

Unter den Einzelhelden des Mythos ragt Herakles mit einer immensen Zahl von Bildern hervor. Sein Bild verfestigte sich zum großen Vorbild all derer, die in der archaischen Gesellschaft durch eigene Leistung in die Oberschicht aufstiegen: mit den einfachsten Mitteln kämpfend, mit der Keule, sogar mit nackten Händen, ein Held der eigenen Körperkräfte.

Ambivalenter – und darum komplexer – war Achilleus, der in pointierter Form Glanz und Gefährdung des archaischen Menschenbildes verkörpert. Bei der Auflauerung, Verfolgung und Ermordung des troianischen Prinzen Troilos im Heiligum des Apollon erscheint er in der höchsten Steigerung kriegerischer Potenz – und vollzieht zugleich das brutalste Sakrileg, das zu seinem Untergang führt (Abb. 21). Der Tod ereilt sein jugendschönes Opfer ebenso vorzeitig wie die jugendlichen Toten, die

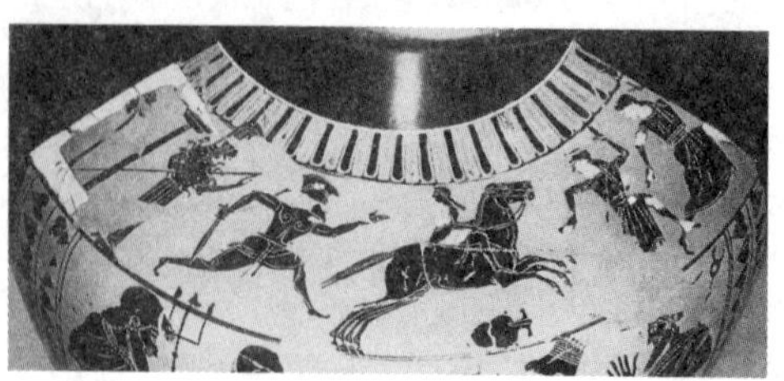

21 Attische Hydria (Wassergefäß) mit Achilleus und Troilos. Um 520 v. Chr. Hannover

in den Grabdenkmälern der Zeit beklagt werden. Schließlich wird Achilleus selbst auf einem Gefäß aus Korinth auf dem Totenbett aufgebahrt und von den Nereiden mit expressiv aufgelösten Haaren beweint wie die zeitgenössischen Verstorbenen von den weiblichen Angehörigen (Abb. 22); seine Waffen, der Prunkhelm mit den leeren Augenhöhlen und der Schild mit der Gorgonenfratze, dazu die Leier seiner Mußestunden blicken den Betrachter suggestiv an und beziehen ihn in die Klage ein.

Dem Ruhm steht das Scheitern gegenüber. Aias, der zweitgrößte Held, dem die Waffen des toten Achill versagt wurden, verfällt in Wahnsinn, schlachtet statt seiner Gegner eine Herde Rinder ab und sieht, aus dem Wahn erwacht, nur den Ausweg des Selbstmords. Die Einsamkeit des Helden, dem keine Totenklage zuteilwird, ist von Exekias mit erschütternder Konzentration dargestellt worden (Abb. 23).

Die vielen Bilder des Krieges um Troia waren in der spätarchaischen Kunst ein Panorama von Kampf und Ruhm über dem Abgrund des Todes. Die glanzvolle archaische Lebenskultur entfaltete sich vor dem Hintergrund dieser Bedrohung: unübersehbar präsent in den prachtvollen Grabdenkmälern wie in der lyrischen Dichtung der Zeit. In den Vasenbildern hielten die Zecher sich den drohenden Tod in den Situationen der größten Lebensfreude vor Augen.

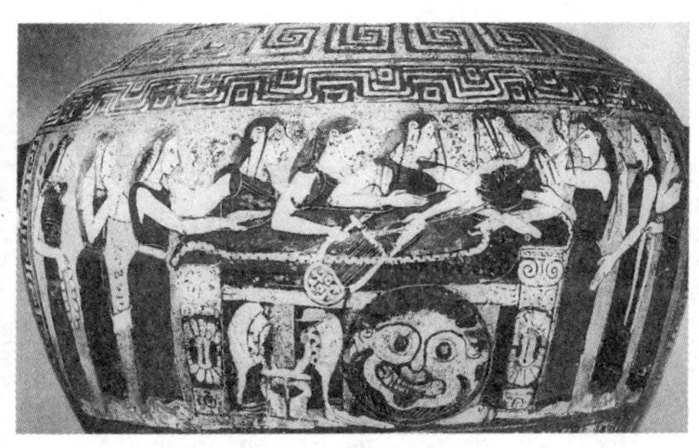

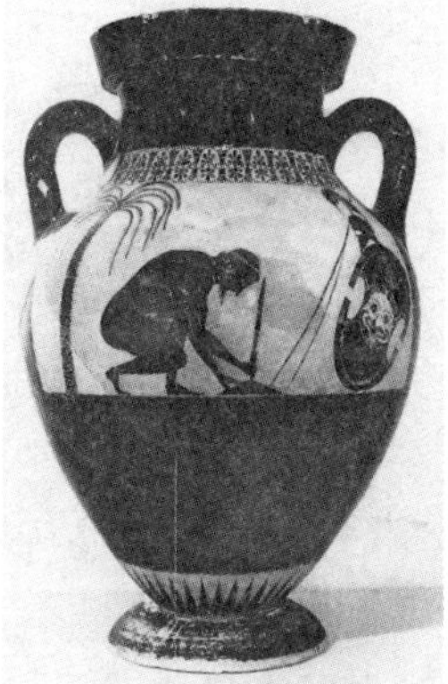

22 (oben) Korinthische Hydria mit dem Tod des Achilleus. Um 575–550 v. Chr. Paris, Louvre
23 (rechts) Attische Amphora mit dem Selbstmord des Aias. Um 530 v. Chr. Boulogne

5. Bildzeichen von Staat und Person: Münzen und Siegel

Städtische Gemeinschaften und Familien mit ihren Oberhäuptern waren die Fundamente der archaischen griechischen Kultur. Die Bedeutung dieser beiden Faktoren wird darin deutlich, dass kulturelle Praktiken ausgebildet wurden, die die Autorität von Gemeinschaften und Personen verbindlich dokumentierten: die Geldwirtschaft mit Münzen, die vom Staat ausgegeben wurden, und die Kennzeichnung persönlicher Besitztümer oder Dokumente durch Aufdrücken eines Siegels. Beide Praktiken waren mit Bildzeichen verbunden.

Münzen. Die gemeinsamen Aufgaben, die sich in den neuen städtischen Gemeinschaften stellten, wie Tempelbauten, Stadtmauern, Kriegszüge, führten dazu, dass ein Zahlungsmittel in der Form von materiellen Wertträgern aus Metall entwickelt wurde. Die ersten Schritte der Münzprägung, noch im 7. Jh. v. Chr., wurden in Lydien/Kleinasien, am Rand der griechischen Welt getan. Von dort breitete sich die Ausgabe von Münzgeld, meist in Silber, rasch in den Handelsstädten des griechischen Ostens, bald darauf auch im Mutterland und im Westen aus. Gegenüber früheren Wirtschaftsformen des Warentauschs war die Münze ein System von höchster Rationalität, mit dem jedem Objekt ein rein materieller Wert zugeordnet werden konnte.

Die Autorität, die den Wert der Münzen garantierte, war die ‹staatliche› Gemeinschaft der Bürger. Sie tat das durch Aufprägen von Symbolen, meist bildlichen Zeichen. Diese waren zwar nicht stereotyp fixiert oder gar rechtlich geschützt wie heutige Wappen und Siegel, aber sie machten die prägende Autorität erkennbar. Damit kam ein grundsätzlich neuer Zug in die griechische Bildkultur: Wäh-

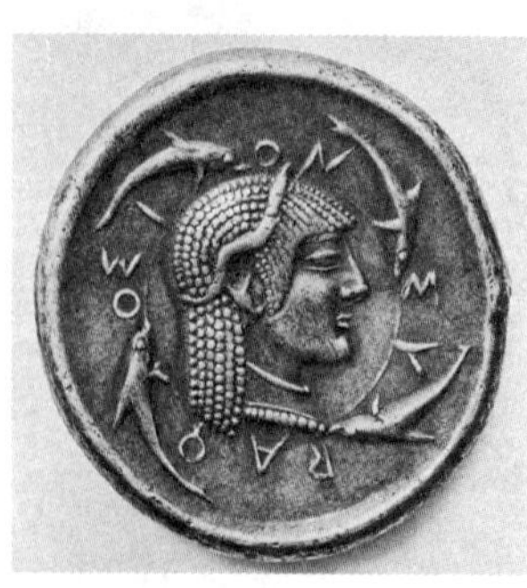

24 Silbermünze von Syrakus. Um 500–490 v. Chr.

rend alle anderen Gattungen der Bildkunst, von der Skulptur und Wandmalerei bis zur Vasenmalerei und anderem Kunsthandwerk, Einzelanfertigungen waren, wurde hier eine Serienproduktion zur Dokumentation staatlicher ‹Identität› betrieben.

Gleichwohl sind die Münzprägungen schon in archaischer Zeit vielfach von außerordentlich hohem künstlerischen Rang. Die Vorderseite wird oft vom Kopf oder dem Symbol einer Gottheit eingenommen, die in der prägenden Stadt von Bedeutung war, etwa Arethusa mit einem Wirbel von Delphinen in Syrakus (Abb. 24). Die Stadt, die sich auch namentlich nennt, stellt damit ihre Münze unter göttlichen Schutz: Arethusa ist auf der Münze ‹präsent›. Für die Rückseiten sind vielfach freiere Motive gewählt, etwa ein siegreiches Gespann von Pferden mit Wagen und Lenker, wie sie den Stolz der Stadt darstellten. Münzen waren das beste Medium, mit dem eine Stadt sich in weitem Umkreis präsentieren konnte. Von daher gewinnen nicht nur die Bildmotive der städtischen ‹Identität›, sondern auch die vorzügliche künstlerische und technische Ausprägung ihren Sinn: In der Situation der städtischen Konkurrenz war man darauf bedacht, die eigenen Bildzeichen in künstlerisch hochwertigen Formen zu präsentieren.

Siegel. Noch früher als die Münzwirtschaft kam das Siegeln von Waren und Schriftdokumenten auf. Dazu wurden Fingerringe mit einem Stein in negativem Relief verwendet, die zum einen als Schmuck dienten, mit denen aber zum anderen Siegel aus Wachs oder Ton gestempelt werden konnten. Auch dies war eine serienmäßige Produktion von Bildern zur Dokumentation von Identität und Authentizität.

Die Praxis und Kunst des Schneidens von Steinen für Fingerringe wurde im 9.–8. Jh. v. Chr. aus dem Orient übernommen und zunächst mit einfachen Materialien und in eigenen griechischen Formen fortgeführt. Einen ersten Höhepunkt erreichte diese Kunst dann im späteren 6. Jh., wo auch einige Gemmenschneider ihre Werke zu signieren begannen. Der Wert der verwendeten Steine, vor allem Chalzedone, wird höher, die Kompositionen kunstvoller und komplexer. Viele Themen führen in

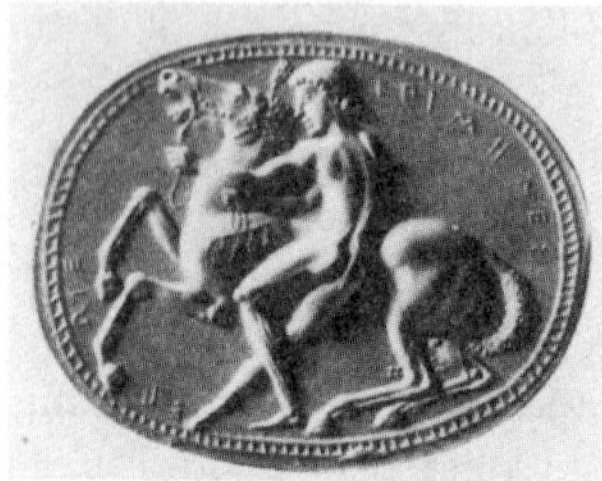

25 Gemme (Ringstein) aus Chalzedon. Um 500 v. Chr. Boston

die ideale Lebenswelt der Oberschicht, wie Krieg, Jagd und Pferdezucht (Abb. 25), andere in die mythischen Überwelten der Eroten und Satyrn, wieder andere betonen die schützende Funktion der Siegel durch wilde Monster oder Löwen, die ihre Macht durch Reißen von Stieren und Rehen beweisen.

Münzen wie Siegel stellten an die Künstler durch ihre Formate besondere Aufgaben: Die Kompositionen mussten an Kreise und Ovale angepasst werden. Je besser dies gelang, desto mehr fielen die Bilder mit dem Gegenstand zusammen: Man zahlte mit der Autorität der Gottheit und siegelte mit der Kraft der gesellschaftlichen Leitbilder.

6. Formensprache, Menschenbild und Künstlertum

Früharchaisch: geometrisch – orientalisierend. Die Bildkunst der geometrischen Epoche (9.–8. Jh.) wirkt in ihren Stilformen zunächst überraschend primitiv, vor allem wenn sie neben der gleichzeitig entstandenen hohen Kunst der Epen Homers, «Ilias» und «Odyssee», gesehen wird. Die Szenen der Gefäße bestehen aus kleinen Figuren, in einheitlich schwarzer Silhouette, parataktisch neben- und übereinander gesetzt. Die Aufbahrung der Toten wird in einem abrupten Wechsel von Vorder- und Profilansichten dargestellt (Abb. 14): das Totenbett von der Seite, das Bahrtuch nach oben geklappt, die menschlichen Gestalten mit dem Unterkörper von der Seite, dem Oberkörper von vorne, dem Kopf wieder im Profil. Die Figuren stellen keine geschlossenen Körper dar, sondern bestehen aus einzelnen charakteristischen Elementen, die durch eine schmale Einziehung verbunden sind. Ihre Darstellung entspricht nicht einer einheitlichen Ansicht, sondern zeigt alle Elemente in ihrer charakteristischen Erstreckung.

Entsprechend bieten die Statuetten aus Bronze die Teile des Körpers voneinander isoliert in ihren jeweils charakteristischen Ausdehnungen dar (Abb. 1): In der Flächenkunst der Vasen werden Figuren und Gegenstände in wechselnde Ansicht geklappt, bei den rundplastischen Figuren aus Bronze muss der Betrachter in die betreffende Ansicht wechseln.

Bei aller Schlichtheit aber haben diese Figuren mit den Epen Homers bezeichnende Grundauffassungen gemeinsam: Auch die epische Dichtung erfasst den Menschen in seinen einzelnen Teilen und Gliedern. Seine Helden sprechen von ihren Beinen, ihrer Brust und ihrem Herzen wie von unabhängigen Gebilden, die noch kaum einer geschlossenen Vorstellung der gesamten Person untergeordnet sind. Diese Glieder werden mit charakteristischen Eigenschaften ausgestattet: Achill hat «schnelle» Füße, die Helden haben eine «breite» und «mutige» Brust. In den Bildwerken entsprechen dem die kräftigen Schenkel und Waden, das starke Gesäß, der mächtige Brustkorb. Die Menschen, ebenso wie Tiere und Gegenstände, werden in den Bildern dieser Zeit in ihren Einzelteilen und deren charakteristischen Eigenschaften gesehen.

Erst im 7. Jh. erscheinen die Figuren in ganzheitlicher Gestalt. Auf den Vasen werden Brust und Becken zu einem Körper verbunden (Abb. 16, 17), in rundplastischen Statuetten erhalten Ober- und Unterkörper ein einheitliches Volumen. Dies ist die Stufe, auf der die Steigerung ins große Format möglich wird. Dadurch wurden in ganz neuer Weise einzelne Personen darstellbar: Grabfiguren von Verstorbenen, Votivstatuen von frommen Stiftern, aber auch anonyme Vertreter der gesellschaftlichen Leitbilder.

Hoch- und spätarchaisch. Die weitere Entwicklung bis zum Ende der archaischen Zeit war von einem rasanten Streben nach immer naturnäheren Formen geprägt. Die starke Stilisierung, die dem heutigen Blick auffällt, war als solche kein Ziel. Dabei war der Blick in bezeichnender Weise auf die immer genauere Beobachtung und Ausarbeitung von Details gerichtet, auf Muskeln, Gelenke, Locken, während die Gesamtschemata der Figuren, der Kouroi und Koren, Sitzenden und Reiter, konstant beibehalten wurden. Künstlerische Qualität zeigt sich in dieser Zeit nicht in grundsätzlicher Innovation, sondern in der immer besseren Verwirklichung vorgegebener Muster.

Diese Auffassungen von bildkünstlerischer Arbeit spiegeln sich im Künstlerbild dieser Zeit. Die Entwicklung zur Großplastik muss den Griechen später als ein ungeheurer Schritt zur ‹Lebendigkeit› der Bildwerke erschienen sein, den sie nur auf einen Künstler von mythischen Fähigkeiten zurückführen konnten: Daidalos. Seine Bildwerke, so hieß es, konnten sehen, sprechen, fortlaufen, so dass sie gefesselt werden mussten. Daidalos war der große ‹Erfinder› der Bildkunst schlechthin.

Alle historisch fassbaren Bildkünstler aber blieben in dem einmal gesetzten Rahmen und entwickelten einen ganz anderen Habitus. Zwar konnten sie ein erstaunliches Selbstbewusstsein zeigen: Seit dem 7. Jh. signieren Töpfer und Vasenmaler einzelne Gefäße, seit dem 6. Jh. auch Bildhauer ihre Standbilder. In großer Unbefangenheit nennen sie in Inschriften ihre Werke «überaus schön» und preisen sich ihrer «Weisheit». Damit ist aber kein spezifisch ‹künstlerisches Ingenium› bezeichnet, sondern ein hohes kunsthandwerkliches Können, nicht anders als bei einem kundigen Schiffsbaumeister. Die Selbstsicherheit beruht nicht auf ‹Genie›, sondern auf der Hilfe der Götter, Hephaist und Athena, die ihnen ihre Kunst geschenkt haben. Damit konnten sie eine gewisse gesellschaftliche Anerkennung gewinnen: Manche Künstler erhielten Aufträge fern von ihrer Heimat, und erfolgreiche Bildhauer und Töpfer traten auf der Akropolis von Athen mit großen Weihgeschenken auf wie die Oberschicht. Aber letzten Endes blieben sie Handwerker, die körperlich arbeiteten, und darum von der freien Lebensform der Reichen ausgeschlossen. Eine Art schöpferischen Künstlertums, das diese Schranken überwunden hätte, gab es in archaischer Zeit nicht.

III

Klassische Zeit

1. Griechentum, Bürgerschaft und Individuum

Die Jahrzehnte um 500 v. Chr. bedeuteten für Griechenland einen politischen, gesellschaftlichen und kulturellen Umbruch von einschneidenden Folgen. In Athen wurde im Jahr 510 v. Chr. die Herrschaft der Tyrannenfamilie der Peisistratiden beendet; die darauffolgenden Reformen des Kleisthenes waren der Beginn der griechischen Demokratie. Die Kriege gegen die Perser mit den siegreichen Abwehrschlachten von Marathon (490), Salamis (480) und Plataiai (479) brachten nicht nur die Befreiung von einer äußeren Bedrohung, wie Griechenland sie bisher nie erfahren hatte, sondern waren der Ursprung einer neuartigen griechischen Identität: Seit damals reihte Griechenland sich nicht mehr unter die benachbarten Hochkulturen ein, sondern setzte sich emphatisch von den ‹Barbaren› des Orients ab: eine konfliktträchtige Polarisierung von Ost und West, die bis heute nicht ausgestanden ist.

Die folgenden Jahrhunderte bis zu Alexander dem Großen sind aufgrund bedeutender kultureller Leistungen die ‹klassische› Epoche Griechenlands genannt worden. Mit der Ausbildung der Tragödie des Aischylos, Sophokles und Euripides, der Komödie des Aristophanes, der Geschichtsschreibung des Herodot und Thukydides, später der Philosophie der Sophisten, des Sokrates, Platon und Aristoteles beschritt Griechenland damals einen Weg, der den Menschen in neuer Weise in das Zentrum des Weltbildes stellte.

Die Demokratie schuf neue Bedingungen für die Funktionen der Bildkunst: Öffentliche Projekte standen mehr als zuvor auf dem Prüfstand der Volksversammlung, erkennbar etwa an den heftigen Debatten um die Aufstellung von Ehrenbildnissen; private Bildwerke wurden im kollektiven Urteil an den Normen der Egalität gemessen, was zeitweise zum drastischen Rückgang der Grabdenkmäler führte.

Eine starke Konzentration aller Kräfte auf den Bereich der Politik führte im 5. Jh. dazu, dass die eigene Zeit als Brennpunkt der Aufmerksamkeit deutlich in den Vordergrund rückte. Seit Jahrhunderten hatten die Griechen mit einer großen mythischen Vergangenheit gelebt; daneben war ihre eigene Lebenswelt zeitlos, kollektiv und ohne ‹geschichtliche› Bedeutung geblieben. Erst im 5. Jh. wurden in mehreren Gattungen der Literatur und der Bildkunst Gestalten und Vorgänge der eigenen Zeit zum Thema gemacht: Öffentliche Denkmäler rühmten bedeutende politische Leistungen, Bildnisstatuen ehrten Personen von Verdienst, in Tragödien wie den «Persern» des Aischylos wurden Themen der Gegenwart auf die Bühne gebracht, Herodot machte mit den Perserkriegen und Thukydides mit dem Peloponnesischen Krieg die großen ereignishaften Vorgänge des 5. Jh. zu Gegenständen literarischer Darstellung. Dies alles waren Themen der Zeitgeschichte: Die ‹Entdeckung› der ‹Geschichte› im 5. Jh. war keine Entdeckung der Vergangenheit, sondern der Gegenwart. Die eigene Zeit hatte damit eine Bedeutung gewonnen, die der großen mythischen Vorzeit gleichkam.

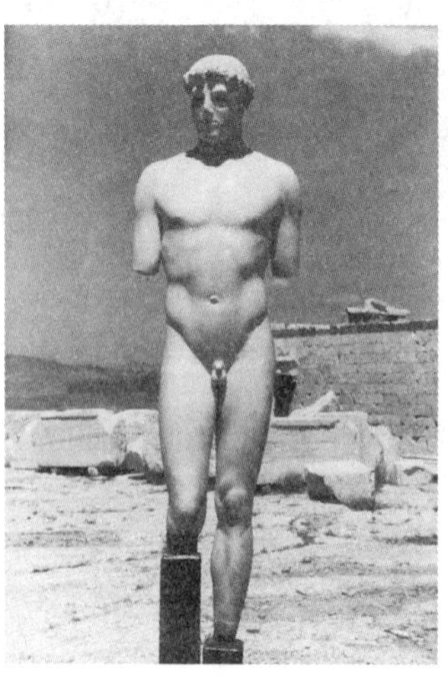

26 Sog. Kritios-Knabe. Um 480 v. Chr. Athen, Akropolis-Museum

Gleichzeitig wurde in der Formensprache der Bildenden Kunst eine fundamental neue Struktur des Menschenbildes entwickelt. Kurz bevor die Perser im Jahr 480 v. Chr. Athen erstürmten und die Akropolis zerstörten, schuf ein Bildhauer ein Standbild eines nackten Knaben, das sich in seinem Aufbau grundlegend von allen

Bildwerken unterschied, die je zuvor in Griechenland und in anderen Kulturen konzipiert worden waren (Abb. 26). Das Gewicht der Gestalt ist um ein weniges auf das linke Bein verlegt, das rechte Bein ist leicht entlastet im Knie gebeugt. Dadurch wölbt die Hüfte sich beim Standbein stärker heraus, das Becken reagiert mit einer leichten Schräglage, aus der der Körper sich mit einer stärkeren Einziehung an der linken Taille aufrichtet. Die linke Schulter ist mit dem entspannt hängenden Arm leicht zurückgenommen, die rechte Schulter mit dem Oberarm ist aktiver nach außen und vorne geführt, wahrscheinlich hielt die Hand eine Opferschale. Nach dieser Seite ist auch der Kopf mit einer leichten Wendung gerichtet. Die Figur wird wegen ihrer Ähnlichkeit mit den Statuen der Tyrannenmörder (s. unten) dem Bildhauer Kritios zugewiesen; ob er der Erfinder der neuen Gewichtsverlagerung, der ‹Ponderation›, war, ob die Erfindung in Athen oder anderswo gemacht wurde, bleibt unbekannt. Jedenfalls hat sie sich in kürzester Zeit in ganz Griechenland durchgesetzt (z. B. Abb. 42). Sie bedeutet, dass der Mensch in neuer Weise als ein Wesen begriffen wird, das aus eigener Kraft sich aufzurichten und zu bewegen vermag (s. S. 91–93).

2. Agorai und Heiligtümer: Politische Denkmäler

Die grundlegende Veränderung der griechischen Staatenwelt seit der Zeit um 500 v. Chr. fand ihren Ausdruck in einer neuen Art von politischen Denkmälern.

In Athen beschloss die Bürgerschaft nach der Vertreibung der Tyrannen 510 v. Chr., auf der Agora ein Denkmal für das Freundespaar Aristogeiton und Harmodios zu errichten, die wenige Jahre zuvor ein Attentat auf die Tyrannen der Stadt verübt hatten. Ihr Denkmal wurde zum wichtigsten Symbol der neuen Staatsform, der Demokratie. Als die Perser 480 v. Chr. Athen eroberten und alle Bau- und Bildwerke zerstörten, nahmen sie dies Denkmal mit, um die Athener in ihrer politischen Identität zu treffen – und als die Athener sie ein Jahr später wieder vertrieben hatten und alle Heiligtümer als Mahnmale in Ruinen

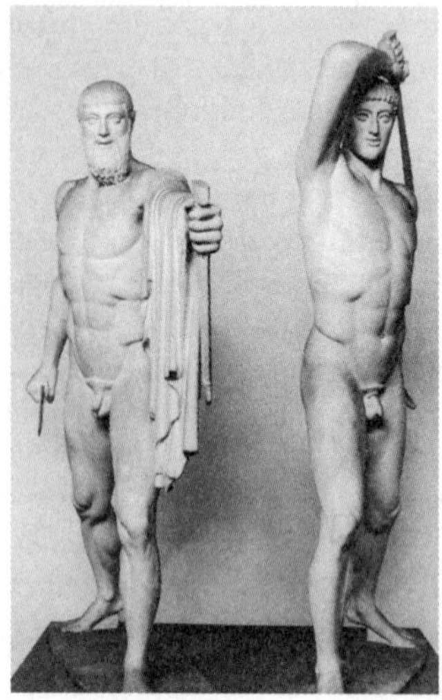

27 Gruppe der Tyrannenmörder von Athen (Kopie). 477/6 v. Chr. Neapel

liegen ließen, stellten sie sofort ein Ersatzdenkmal auf, mit dem sie ihre Identität wiedergewannen.

Dies zweite Denkmal, ein Werk der Bildhauer Kritios und Nesiotes, das in römischen Kopien erhalten ist, stellt die Freunde als ideale Protagonisten der Bürgerschaft dar (Abb. 27). Sie stürmen kampfbereit vor, ihr Gegner ist nicht mit dargestellt: Nicht der Vorgang, sondern die Einsatzbereitschaft für den Staat wird gefeiert. Als Paar eines älteren und eines jungen Mannes verkörpern sie die beiden Generationen, die die Stärke der politischen Gemeinschaft ausmachen; ihre homoerotische Verbindung zeigt die Bindungskräfte, die die Gemeinschaft zusammenhalten. In gemeinsamer Bewegung, differenziert in den stürmischen Wagemut und die umsichtige Entschlossenheit der beiden Altersstufen, sind sie ein Vorbild der Solidarität, die als hohe Tugend der Bürgerschaft galt. Die neue dynamische Auffassung der Körper, die das weite Ausschreiten und das Ausholen mit der Waffe in einer großen Bewegung zusammenfasst, verleiht den Figuren eine Energie, die der politischen Botschaft Nachdruck gibt.

Ein solches Denkmal war damals einzigartig. Bildwerke in großem Format waren bislang durchweg für religiöse Zwecke bestimmt gewesen: Kultbilder der Götter in den Tempeln, Weihgeschenke in den Heiligtümern, Bilder der Toten auf den Gräbern. Dass die politische Gemeinschaft einer Stadt in ihrem politischen Zentrum, ohne jede religiöse Funktion, ein Denkmal für eine herausragende politische Tat errichtete, war Zeichen einer neuen Zeit. Die Agora, der Hauptplatz der Stadt, wurde mit diesem Monument explizit als politischer Raum definiert. Aristogeiton und Harmodios standen am Rand der Volksversammlung, als Vorbilder bei allen politischen Entscheidungen: Nie wieder durfte eine Tyrannis entstehen, jeder Bürger sollte ein potentieller Tyrannenmörder werden!

Zum Ruhm des Staates zog man in Athen nun alle Register. Ebenfalls an der Agora wurde eine «Bunte [d. h. ausgemalte] Halle» errichtet, die von Malern um den hochberühmten Polygnot mit einem Zyklus von patriotischen Gemälden ausgestattet wurde. Zwei Ruhmestaten der mythischen Vorzeit, der Kampf der Athener gegen die Amazonen und die Eroberung Troias mit Beteiligung athenischer Helden, bildeten den Auftakt zur Verherrlichung zweier hochaktueller Ereignisse: Ein drittes Gemälde rühmte die Schlacht von Marathon mit den athenischen Helden der Gegenwart im Schutz von Göttern und Heroen, ein viertes schilderte eine jüngst gewonnene Schlacht gegen den neuen Erzfeind Sparta. Die Gegenwart erhielt von den Mythen höhere Bedeutung, der Mythos von der Gegenwart größere Aktualität.

Neben der Agora wurden die großen Heiligtümer zu Schauplätzen politischer Bekundungen in Form von monumentalen Weihgeschenken. Die innerstädtischen Kultstätten dienten für Ruhmesdenkmäler zur Stärkung der eigenen Identität, die großen gesamtgriechischen Heiligtümer Delphi und Olympia waren Schauplätze der Konkurrenz um Ruhm und Macht zwischen den griechischen Stadtstaaten. Einen ersten Höhepunkt der Politisierung bedeuteten die Perserkriege, deren Monumente fast nur noch aus literarischen Zeugnissen und erhaltenen Fundamentsteinen bekannt sind. Die verbündeten Griechen errichteten gemeinsam Denkmäler von großer Ambition: in Delphi eine kolossale Figur des Apollon mit einem erbeuteten Schiffsbug in der Hand und eine Säule aus drei ineinander gewundenen Schlangen mit einem goldenen Dreifuß als Bekrönung. In den Inschriften wurde in genau kontrollierter Hierarchie die Beteiligung der Verbündeten an den gemeinsamen Ruhmestaten bezeugt.

Etwas mehr ist von den Monumenten des großen Kampfes

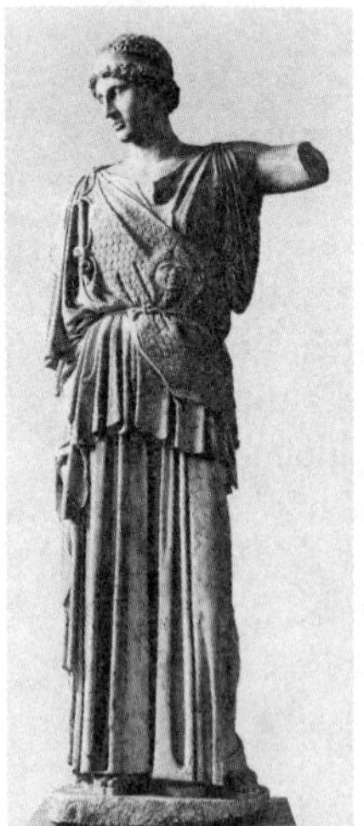

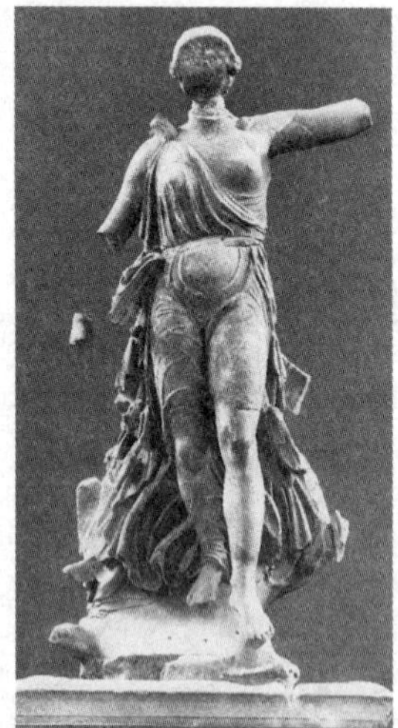

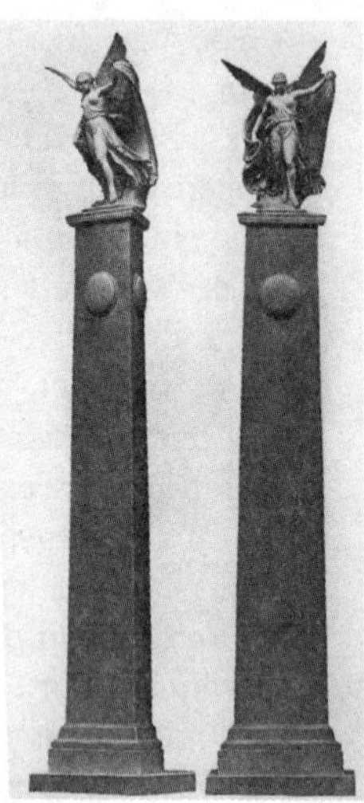

28 (links) Athena Lemnia, Werk des Phidias (Kopie). Um 450 v. Chr. Dresden (Körper) und Bologna (Kopf)
29 a, b (Mitte und rechts) Nike der Messenier und Naupaktier. Um 425 v. Chr. Olympia

um die Vorherrschaft in Griechenland bekannt, den Athen und Sparta zusammen mit ihren jeweiligen Verbündeten austrugen. Athen erhob auf der eigenen Akropolis den Anspruch auf eine Führungsrolle mit einem fast 10 m hohen Standbild der Stadtgöttin Athena als «Vorkämpferin» (*Prómachos*), ein Werk des Phidias, aus Bronze gegossen; es rühmte die Schlacht von Marathon, in der die Athener allein für alle Griechen die Perser abgewehrt hatten. Erhalten ist eine andere berühmte Athena, mit dem Beinamen Lemnia, ebenfalls von Phidias, die von athenischen Kolonisten auf der Insel Lemnos gestiftet wurde (Abb. 28). Sie feierte die Politik der Militärkolonien, mit der Athen seine Macht unter seinen Bündnispartnern sicherte. Aufgestellt am Eingang zur Akropolis, zu der Zeit, als Perikles dies zentrale Heiligtum zum architektonischen Symbol der athenischen Macht auszubauen begann, wies die Athena Lemnia jeden Besucher auf die politische Grundlage dieses Anspruchs hin.

Außerhalb der eigenen Stadt traten Athen und seine Verbündeten in Delphi mit figurenreichen Denkmälern auf. Dagegen konterte Sparta nach einem Sieg gegen Athen mit einem goldenen Siegesschild auf dem First des Zeus-Tempels in Olympia. Dreißig Jahre später, nach einem Sieg Athens, antworteten dessen Verbündete aus Naupaktos darauf mit einem spektakulären Monument unmittelbar vor dem Tempel: einer Siegesgöttin (*Nike*), auf einem 9 m hohen dreikantigen Pfeiler, die mit geblähtem Manteltuch und rauschenden Gewändern über einem fliegenden Adler schwebt (Abb. 29 a, b). Sparta aber schlug nach dem endgültigen Sieg gegen Athen auf allen Fronten zurück: In der eigenen Stadt stach man die Nike in Olympia durch zwei Niken, ebenfalls über Adlern, aus; in Delphi übertrumpfte man die athenischen Denkmäler durch eine Statuengruppe von dreifachem Umfang; und in dem eroberten Athen begrub man die gefallenen Spartaner in einem Gemeinschaftsgrab mitten im Staatsfriedhof der Athener. Stärker konnte die Demütigung nicht sein.

Politische Konflikte wurden zunehmend nicht nur auf dem Schlachtfeld, sondern auch mit Symbolen der Macht ausgetragen. Denkmäler konnten zu Waffen werden.

3. Tempel: Mythen zwischen Ethos und Politik

Die Tempel waren, als öffentliche Bauten für staatliche Götterkulte, eng mit den historischen Voraussetzungen ihrer Zeit verbunden. Das wird vor allem im Skulpturenschmuck der Metopen, Friese und Giebel deutlich: Deren Bildthemen sind im 5. Jh. stark von den Perserkriegen und den anschließenden Konflikten unter den griechischen Staaten und Bündnissystemen geprägt. Gewiss ist es eine Simplifizierung, wenn Tempel, vor allem der Parthenon in Athen, in neuerer Zeit als rein politische Monumente verstanden wurden; sie sind in erster Linie religiöse Bauten. Aber die Perserkriege selbst waren weit mehr als ein politischer Kampf um Macht gewesen: Sie hatten eine ganz neue Sicht auf die Welt, auf Eigenes und Fremdes, Recht und Unrecht, Ordnung und Chaos, nicht zuletzt auf Frömmigkeit und

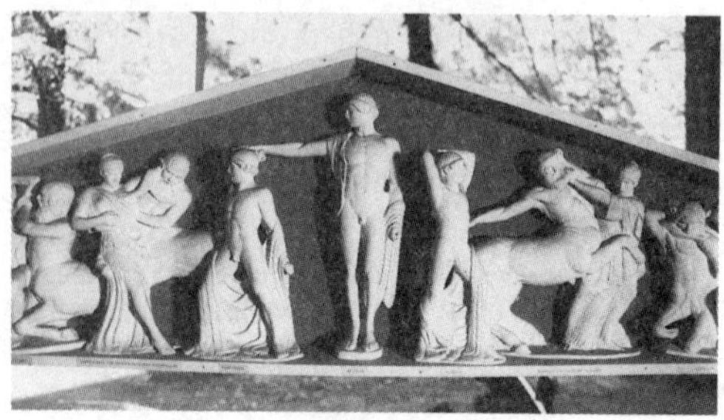

30 Kampf der Lapithen gegen die Kentauren, Westgiebel des Zeus-Tempels von Olympia, Modell. Um 460 v. Chr. Heidelberg

Frevel begründet. Dies alles ging einerseits weit über die konkrete Politik und Staatsideologie hinaus und hing andererseits eng mit der Religion zusammen. In diesem Sinn sind die Bildprogramme der Tempel keine politischen Manifeste, aber vielfach religiöse Reaktionen auf politische Erfahrungen.

Bald nach den Siegen gegen die Perser errichtete die Stadt Elis einen neuen Tempel in dem von ihr verwalteten Heiligtum des Zeus in Olympia, wo die Vertreter zahlloser Städte nun im Geist der neu begründeten ‹griechischen› Identität zusammenkamen. Im Bildschmuck des Tempels wird höchste göttliche Macht in Szene gesetzt. Im Giebel der Rückseite ist mit aller Heftigkeit der Kampf der Lapithen gegen die Kentauren ausgebrochen, die sich bei der Hochzeit des Königs an den Mädchen und Knaben der Festgesellschaft vergriffen. Die religiöse Ordnung des Gastrechts wird unwiderstehlich von Apollon hergestellt, der im Zentrum mit weit gestrecktem Arm Einhalt gebietet, und von den Helden Theseus und Peirithoos, die in kraftvoller Kampfstellung das Gebot des Gottes ausführen (Abb. 30). Dass die Götter Recht und Ordnung gegen Hybris und Frevel durchsetzen, war ein Deutungsmuster, das besonders im Krieg gegen die Perser aktualisiert worden war.

Das komplexeste Bildprogramm eines griechischen Tempels trägt der Parthenon, der Mittelpunkt der Akropolis von Athen in der neuen Konzeption durch Perikles. Dreißig Jahre nach den Siegen gegen die Perser und nach dem Abschluss eines Friedens errichtet, ist der Bau durch und durch von dem patriotischen Stolz der Stadt Athen geprägt. Im Giebel über dem Eingang be-

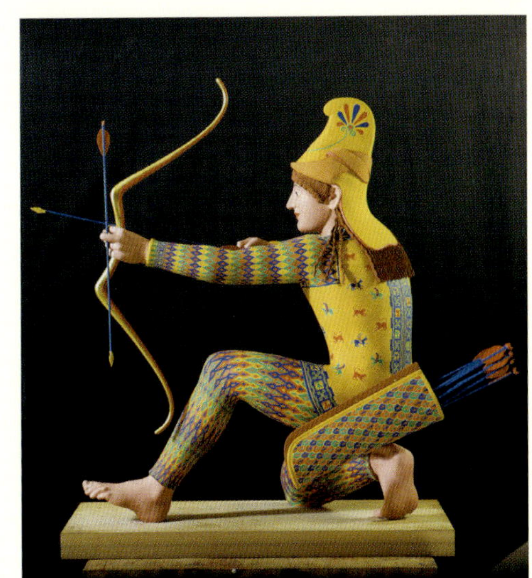

Farbtaf. 1,1 Paris aus dem Giebel des Tempels der Aphaia von Aigina, Farbrekonstruktion von U. Koch-Brinkmann, V. Brinkmann und I. Kleiß. Um 510 v. Chr. München (Kopie Heidelberg)

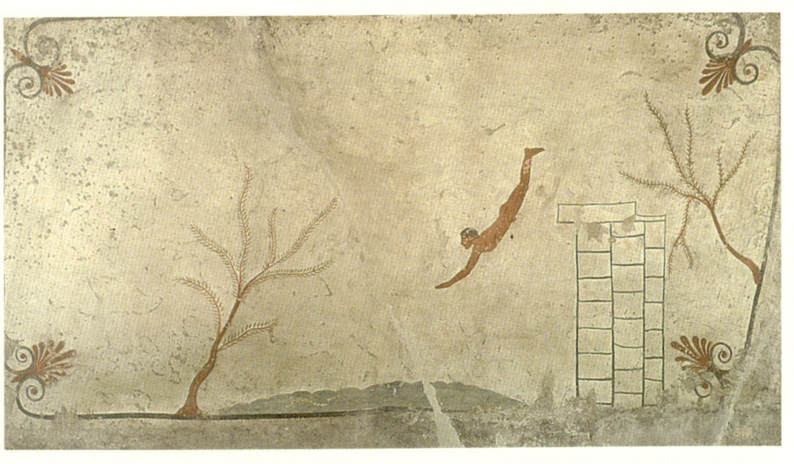

Farbtaf. 1,2 Taucher, Deckplatte eines Grabes bei Paestum. Um 480–470 v. Chr. Paestum

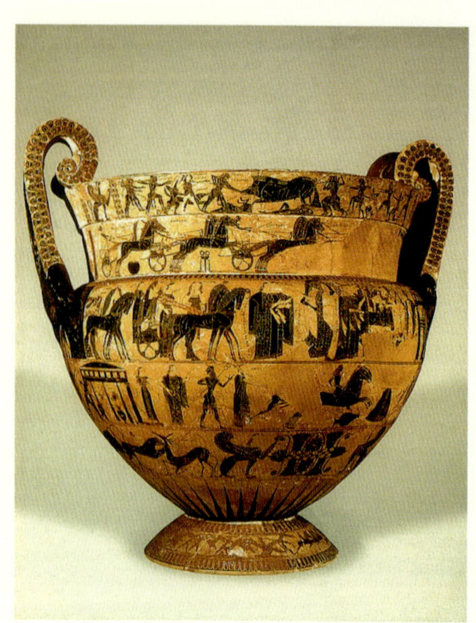

Farbtaf. 2,1 Attischer Kratér des Klitias und des Ergotimos. Um 560 v. Chr. Florenz

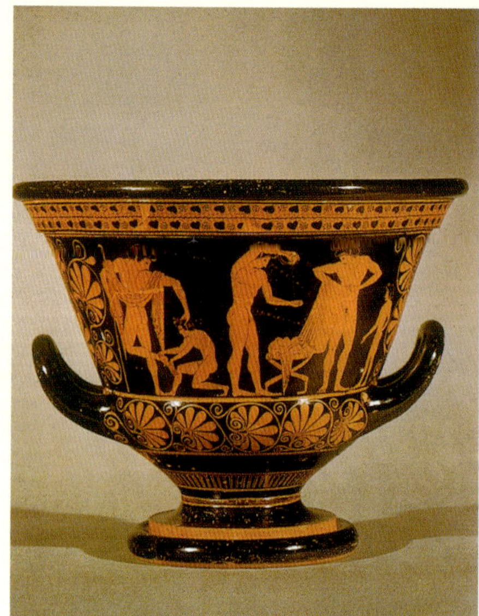

Farbtaf. 2,2 Attischer Kratér mit Athleten. Um 510–500 v. Chr. Berlin

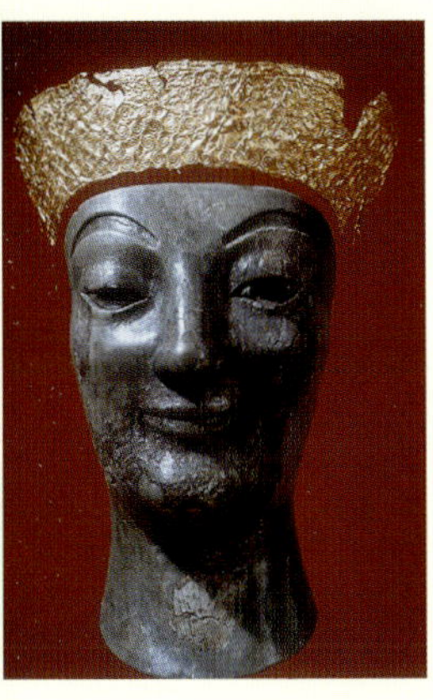

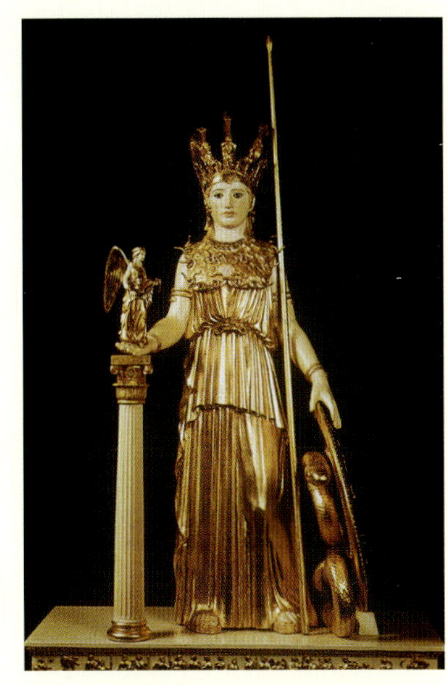

Farbtaf. 3,1 Weiblicher Kopf aus Elfenbein und Gold. Um 550 v. Chr. Delphi
Farbtaf. 3,2 Athena Parthenos, Werk des Phidias. Um 440 v. Chr. Nachbildung Toronto

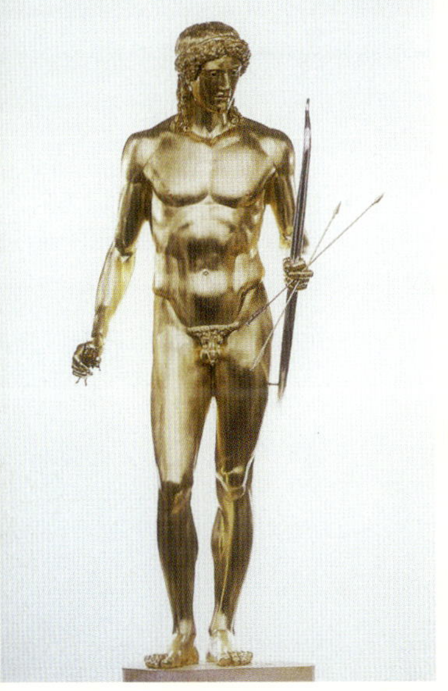

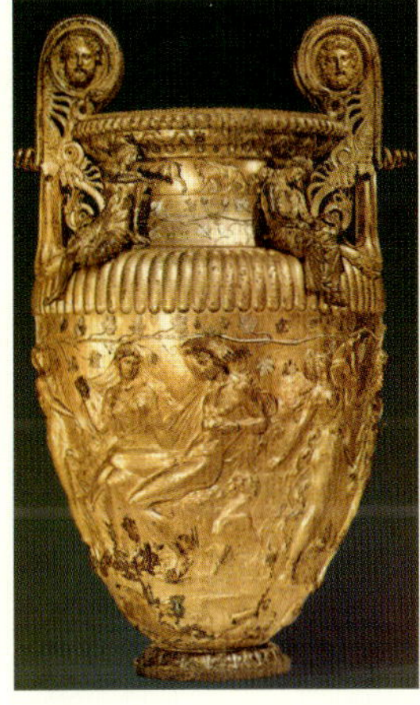

Farbtaf. 3,3 Apollon (Kopie, Nachbildung in Bronze). Um 450 v. Chr. Kassel
Farbtaf. 3,4 Kratér aus vergoldeter Bronze. Um 330 v. Chr. Thessaloniki

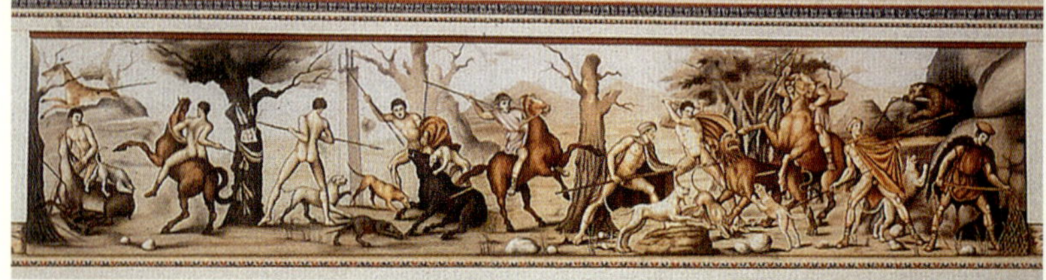

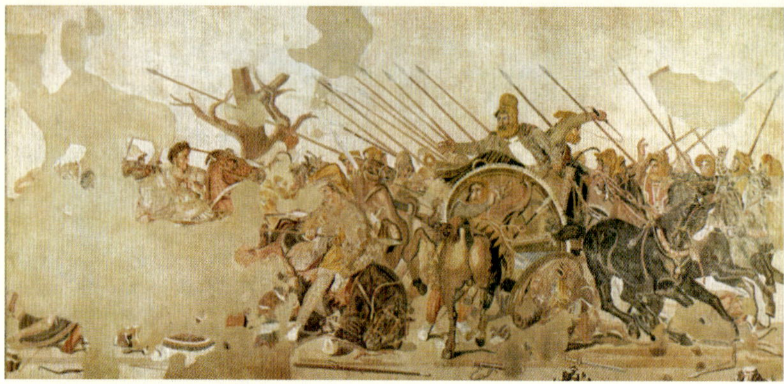

Farbtaf. 4,1 Jagdgemälde aus königlichem Grab, Rekonstruktion. Um 340–330 v. Chr. Vergina
Farbtaf. 4,2 Alexandermosaik. Kopie aus der 2. Hälfte des 2. Jh. v. Chr. nach Gemälde vom Ende des 4./Anfang des 3. Jh. v. Chr. Neapel

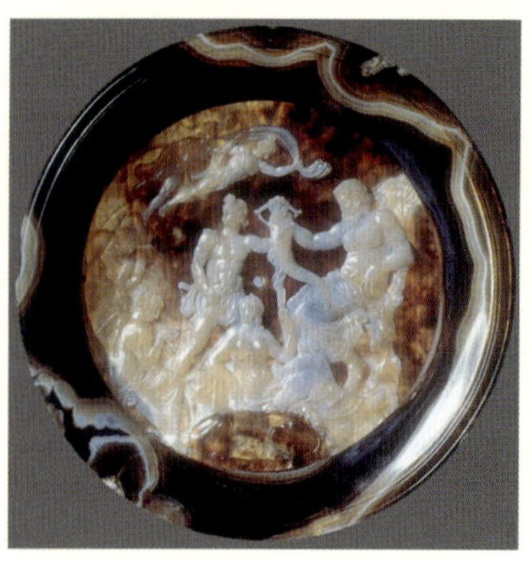

Farbtaf. 4,3 Onyx-Gefäß, sog. Tazza Farnese. Wohl um 100 v. Chr. Neapel

zeugt die Geburt der Athena aus dem Haupt des Zeus den hohen Anspruch der Stadt, die schon in ihrem Namen ein Vorrecht auf die Gunst dieser Göttin geltend macht. Die Gegenwart zahlreicher Götter, darunter Aphrodite, deren Gewänder den Körper sinnlich umspielen (Abb. 31), erhebt die Epiphanie der Stadtgöttin zu einem kosmischen Ereignis. Auf der Gegenseite bewährt Athena sich gegen den Gott Poseidon im Kampf um die Herrschaft über Athen und Attika. Mythische Gestalten aus der Frühzeit der Stadt bezeugen den Vorgang und sichern seine Rechtmäßigkeit. Von Anbeginn soll Athen als einzigartig erscheinen.

Diese Stadt Athen tritt auf dem Fries, der die Cella des Tempels umzieht, in beispiellosem Selbstbewusstsein in Erscheinung. Die Schilderung der großen Prozession beim Fest der Athena, den Panathenäen, ist ein Anlass, um die Bürgerschaft der Stadt in idealer Form, und in der Gemeinschaft ihrer Götter und Heroen, vor Augen zu führen. Um das zentrale Ritual, die Übergabe des heiligen Gewandes an die Kultbeamten, haben sich alle zwölf Götter versammelt, gerahmt von den Heroen der zehn Phylen, der Abteilungen der Bürgerschaft. Die realen Teilnehmer treten in einer bezeichnenden Auswahl auf: fromme

31 (rechts) Aphrodite im Schoß ihrer Mutter Dione, Westgiebel des Parthenon. Um 440–430 v. Chr. London
32 (unten) Junge Reiter im Panathenäen-Zug, Fries des Parthenon. Um 440 v. Chr. London

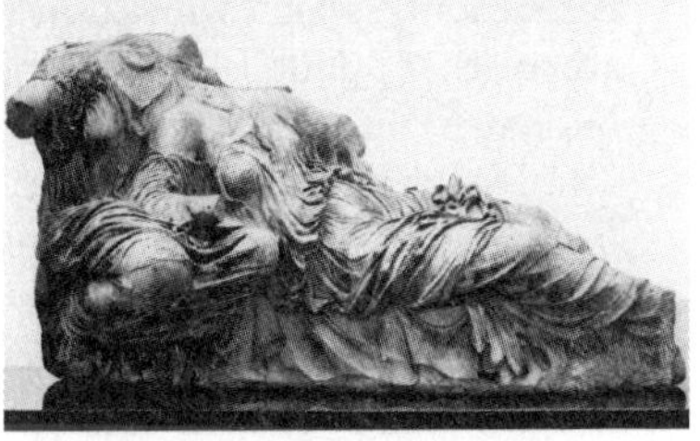

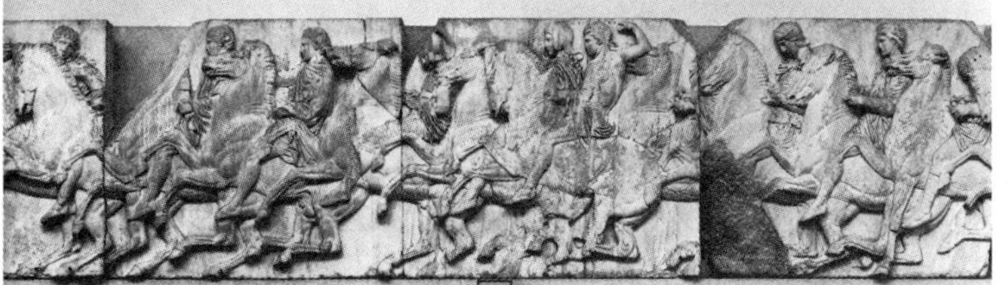

Mädchen und Jünglinge mit Kultgeräten und Opfertieren, wenige ältere Männer in offiziellen Funktionen, vor allem aber glanzvolle junge Männer zu Pferd und zu Wagen (Abb. 32). Dass das demokratische Athen sich mit solchen Leitbildern aristokratischen Glanzes darstellte, sagt viel über das Wesen dieser Staatsform aus: Die Demokratie hat keine eigene Ideologie der unteren Schichten entwickelt und durchgesetzt, sondern hat das Selbstbild der Oberschicht auf möglichst breite Teile der Bevölkerung auszuweiten gesucht.

Das Konzept eines solchen Bildprogramms muss wohl von dem politischen Kreis um Perikles entworfen und der Volksversammlung zur Entscheidung vorgelegt worden sein. Die künstlerische Gestaltung aber ist nicht ohne die planenden und formenden Entwürfe eines bedeutenden Bildhauers, wohl Phidias, denkbar. Für die Ausführung müssen Werkleute aus allen Gegenden Griechenlands angeworben worden sein; die Bildwerke selbst lassen eine fortschreitende Vereinheitlichung zu einem ‹Parthenon-Stil› erkennen, der in der festlichen Anmut der Körper und Gewänder, Haltungen und Bewegungen einzigartig ist.

Gleichwohl gibt dieser Höhepunkt der griechischen ‹Klassik› Anlass zu ambivalenten Bewertungen: Für die Finanzierung des Parthenon-Projekts wurden in umstrittener Weise Tributgelder athenischer Bundesgenossen eingesetzt, die Anwerbung fremder Bildhauer nutzte die finanzielle Ausblutung der Verbündeten aus: Die künstlerische Dominanz Athens ging auf Kosten jenes fruchtbaren kulturellen Pluralismus, der bisher die Blüte der griechischen Kunst ausgemacht hatte.

Ein Problem solcher Schmückung von Bauten, das offenbar zunehmend wahrgenommen wurde, war die schlechte Sichtbarkeit an den vorgegebenen Stellen der Metopen, Friese und Giebel. Seit dem 4. Jh. strebte die griechische Kunst verstärkt eine unmittelbarere Wirkung der Bildwerke an. Die traditionellen Formen der Schmückung von Architektur wurden dadurch mehr und mehr obsolet.

4. Götterbilder: Dimensionen der Göttlichkeit

Frühe Klassik: Göttlichkeit in neuer Form. So sehr in der ‹klassischen› Zeit der Mensch ins Zentrum der Welt trat, so blieb doch die Macht der Götter ungebrochen. Zwar hatten aufgeklärte Philosophen Zweifel an der traditionellen Religion und erklärten die Göttermythen entweder für Lügen oder für Allegorien höherer Wahrheiten, doch die Götterkulte blieben die Grundlage des gemeinschaftlichen wie des individuellen Lebens. Die Bildkunst lässt sogar, ebenso wie die Werke der Literatur, erkennen, dass komplementär zu dem neuen Selbstbewusstsein menschlichen Könnens neue Konzepte göttlicher Größe entwickelt wurden.

Eine der seltenen originalen Bronzestatuen stellt Zeus als athletischen Blitzschleuderer dar (Abb. 33). Das vorschreitende Bein und der ausholende Wurfarm machen in elastischer Beugung aktive Kraft sichtbar, das weit zurückfedernde Bein und der zielend vorgestreckte Arm geben der Figur eine machtvolle

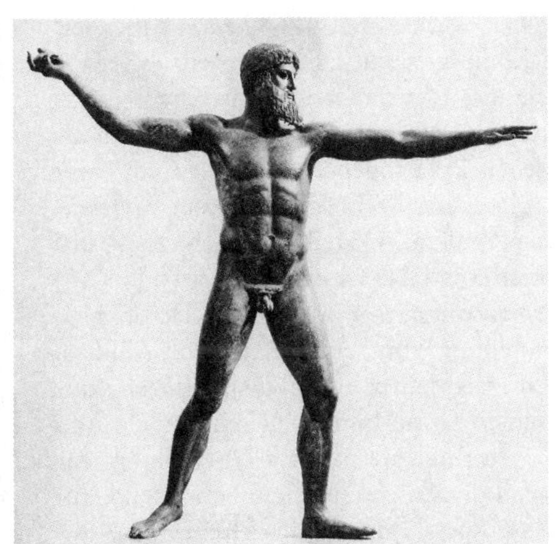

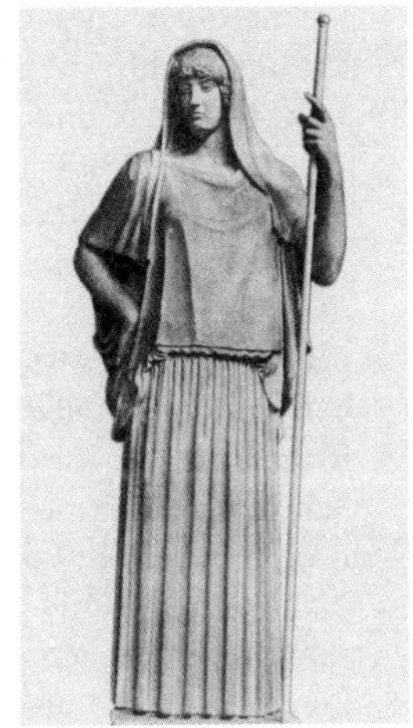

33 Zeus vom Kap Artemision. Um 460 v. Chr. Athen, National-Museum
34 Göttin, sog. Hestia Giustiniani (Kopie). Um 470 v. Chr. Rom, Sammlung Torlonia

durchgehende Bewegung. Die Grundprinzipien der neuen Kunst, Kräfte und Gegenkräfte, sind mit höchster Klarheit zu einem Bild entfaltet, das die Herrschaft des Göttervaters in einer neuen Dynamik zum Ausdruck bringt.

Ein weibliches Gegenbild ist in einer Göttin mit verschleiertem Haupt, vielleicht Hera, erhalten (Abb. 34). Die Schlichtheit der Erscheinung, im Gewand nur leicht belebt, erhält durch starke Gesten deutliche Akzente: Die eingestützte Hand, das aufgestützte Szepter und der markant gewendete Kopf ergeben ein neues Bild hoheitsvoller Würde.

Dass mit den neuen Kunstformen Bilder göttlicher Größe geschaffen wurden, war nicht selbstverständlich. Die ponderierte Figur, die sich in eigener Anstrengung gegen die Schwerkraft aufrichtete, war zunächst aus der Erfahrung eigener menschlicher Kräfte entstanden. Mit derart menschlichem Maß war göttliche Souveränität nicht leicht zu erreichen. Einige bedeutende Bildhauer scheinen dies Dilemma erkannt und ihren Götterfiguren eine spezifisch göttliche Schwerefreiheit verliehen zu haben. Im Westgiebel des Zeus-Tempels von Olympia ist eine ganze Stufenleiter von menschlichen Mühen zu göttlicher Erhabenheit entfaltet (Abb. 30): Im Kampfgewühl der sinnlichen Begierden sind Lapithen und Kentauren in äußerster Anstrengung verstrickt, dagegen schreiten die Heroen Theseus und Peirithoos mit heldenhaft überlegenen kraftvollen Kampfposen ein – im Zentrum aber steht Apollon, der Welt des Kämpfens und Leidens enthoben, fast ohne Ponderation steil aufgerichtet und mit gebieterisch ausgestreckter Hand das Geschehen lenkend.

Hohe Klassik: Phidias und die Staatsgötter Athens. Den höchsten Ruhm für die Darstellung von Göttern gewann Phidias. Schon früh hatte er sich in Athen bei großen staatlichen Aufträgen bewährt. Von seinen Götterbildern geben Kopien und Nachklänge römischer Zeit nur eine partielle Vorstellung. Als sein Werk gesichert scheint die Athena mit dem Beinamen Lemnia zu sein, die als die schönste Athena des Phidias gerühmt wurde (Abb. 28). Sie bezeugt eine hohe Vision von Göttlichkeit: Die Gestalt ist nur wenig von Verschiebungen des Gewichts belastet; der Kopf, mit länglichem Gesicht, erhält durch die vorgeschobene Stirn und das dachartig bekrönende Haar einen Ausdruck unnahbarer göttlicher Schönheit. Indem sie den Helm vom Kopf genommen hat und ostentativ in der Hand vorstreckt, bringt sie sich wie in einer Epiphanie zur Erscheinung.

Wieweit Phidias bei den gesamten Arbeiten am Parthenon als künstlerischer Leiter beteiligt war, ist umstritten (s. S. 66). Sicher aber ist das gewaltige Tempelkultbild der Athena Parthenos (des «Jungmädchens») sein Werk: 12 m hoch bis an die Decke des Tempels reichend, mit edelsten und teuersten Materialien gestaltet. Aus schriftlichen Nachrichten, bildlichen Wiedergaben und Spuren im Tempel lässt sich ein ungefähres Bild rekonstruieren (Farbtaf. 3,2). Die Figur war als Gerüst mit einer modellierten Verschalung konstruiert, die bekleideten Partien waren mit Goldplatten, die unbekleideten Körperteile mit Elfenbein überzogen. Göttliche Erscheinung war vor allem durch frontale Ausrichtung auf den Betrachter bewirkt. Dazu war die Gestalt durch überreiches Beiwerk zur Trägerin eines vielgestaltigen Konzepts gesteigert. Die schwere Rüstung mit Helm, Schild und Lanze zeichnete sie als Protagonistin der militärischen Stärke Athens aus; die Siegesgöttin Nike auf der Hand verkörperte Erfolg und Überlegenheit in allen Bereichen des Lebens. Der Schild war auf der Innenseite mit dem Kampf der Götter gegen die Giganten in Ziseliertechnik, auf der Außenseite mit der Schlacht der Athener gegen die Amazonen in Relief geschmückt, auf der Außenseite der Sandalen kam der Kampf der Lapithen gegen die Kentauren hinzu: drei mythische Exempel des immerwährenden Kampfes zur Bewahrung der göttlichen und menschlichen Lebensordnung gegen Aufruhr und Gottlosigkeit. Aus dem Halbdunkel der Cella muss die Göttin den Betrachter mit überwältigendem Glanz geblendet haben. Es war ein Bild politischer Selbstherrlichkeit, das innerhalb und vor allem außerhalb Athens z. T. starken Unwillen auslöste.

Phidias' höchste Vision göttlicher Macht sahen antike Betrachter in dem Kultbild des thronenden Zeus für den Tempel in Olympia. Auch dies war ein kolossales Bildwerk in Gold-Elfenbein-Technik; die Funde in der erhaltenen Werkstatt zeigen, wie viele weitere wertvolle Materialien von weither eingeführt und

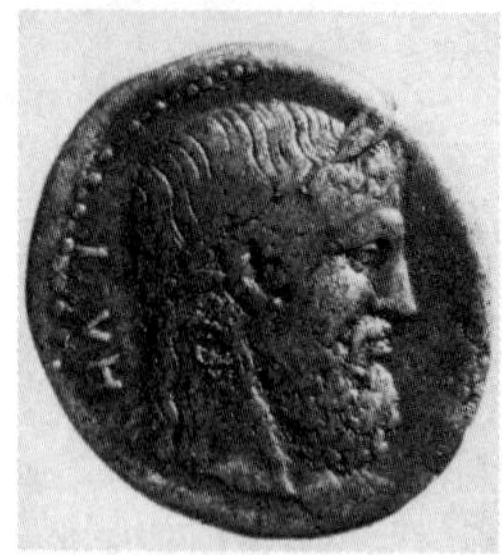

35 Zeus von Olympia, Wiedergabe auf Münze des 2. Jh. n. Chr. Original um 430 v. Chr. Berlin

verarbeitet wurden und welch hohe Leistung bereits in der koordinierenden Leitung der Arbeiten von zahlreichen spezialisierten Werkleuten bestanden haben muss. Wieder war das Standbild, besonders der Thron, mit vielfältigem Beiwerk ausgestattet, das den Göttervater als Herrscher der gesamten Weltordnung zeigte. Der Kopf, der auf einer hervorragenden Münze der römischen Kaiserzeit wiedergegeben ist, lässt die göttliche Hoheit erkennen, die in späteren Zeiten Bewunderung erregte (Abb. 35): Man sagte, Phidias habe in seinem Zeus der Vorstellung von Göttlichkeit noch etwas hinzugefügt. Der Bildhauer als Theologe – das ist zwar ein Rang, den man der Bildkunst erst in späteren Zeiten zubilligte. Aber das Urteil schreibt die zeitgenössische Hochschätzung für die Götterbilder des Phidias fort.

Späte Klassik: Praxiteles und die Götter des persönlichen Glücks. Die folgende Zeit der späten ‹Klassik›, zwischen dem Zusammenbruch Athens am Ende des 5. Jh. v. Chr. und dem Aufstieg der neuen Macht Makedonien unter Philipp II. und Alexander dem Großen, war keineswegs, wie man oft meint, eine Epoche des politischen Niedergangs. Neu war aber, dass in der Religion der Städte die Kulte für Gottheiten des gemeinschaftlichen und persönlichen Glücks stark in den Vordergrund rückten. Nachdem in dem halben Jahrhundert nach den Perserkriegen die Götter, Kulte und Rituale der politischen Macht im Zentrum des Interesses gestanden hatten, stiegen seit dem späteren 5. Jh. die Gottheiten Aphrodite und Dionysos zu höchster Bedeutung auf. Darin kommt ein gesellschaftlicher Wandel von weitreichender Wirkung zum Ausdruck: Die Sphäre der Familie, des Individuums, der persönlichen Lebensformen wurde mehr und mehr als ein Lebensbereich eigenen Rechts angesehen.

Zum weit gefeierten künstlerischen Exponenten der bürgerlichen Gesellschaften in Athen und anderen Städten des 4. Jh.

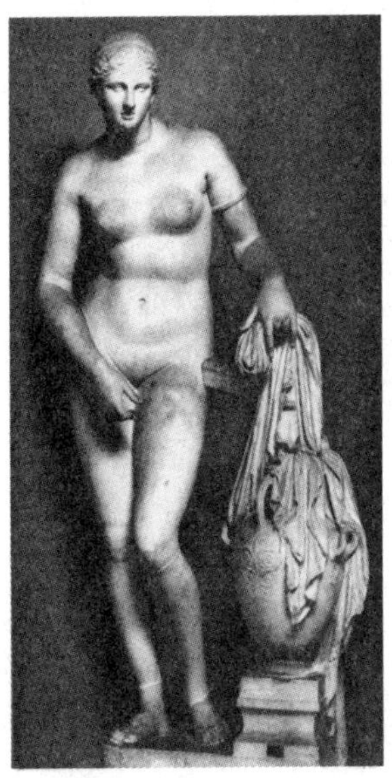

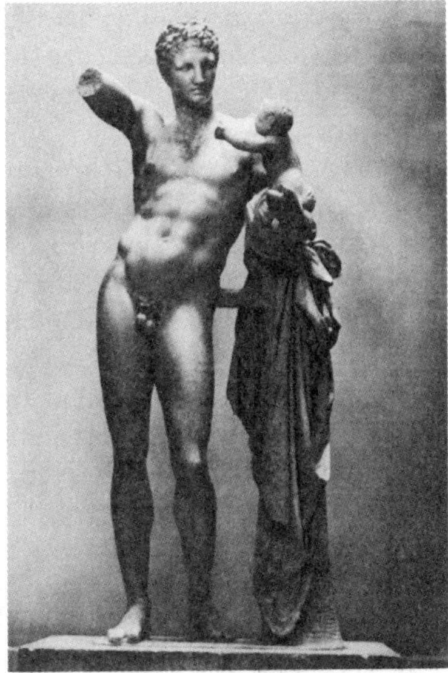

36 Aphrodite von Knidos, Werk des Praxiteles (Kopie). Um 330 v. Chr. Vatikan
37 Hermes mit Dionysos-Knabe, Werk des Praxiteles. Um 330 v. Chr. Olympia

v. Chr. wurde Praxiteles. Vor allem waren es die göttlichen Leitbilder dieser Zeit, die er wieder und wieder für Tempel und Heiligtümer schuf: Aphrodite und Eros, Dionysos und Satyrn, Demeter und andere Gestalten der Glück verheißenden Mysterienreligion von Eleusis. Seine berühmteste Figur, wohl das meistbewunderte Bildwerk der Antike überhaupt, war die Aphrodite von Knidos (Abb. 36). Sie war die erste statuarische Darstellung der Göttin in voller Nacktheit: In dem engen Stand und der gebeugten Haltung weiblicher Scheu hat sie das Gewand vor dem Bad über einem Wassergefäß niedergelassen und entzieht mit der Hand ihre Scham dem Blick des Betrachters. Die revolutionäre Enthüllung ist die äußerste Konsequenz einer Auffassung von Göttlichkeit, die die Sphäre ihrer Macht, den erotischen Liebreiz, in ihrer eigenen Erscheinung verkörpert. Die römischen Kopien bleiben offenbar weit hinter der sinnlichen Wirkung des Originals zurück, für das Praxiteles schimmernden Marmor wählte: Die Quellen sprechen von einem «feuchten», offenbar beseelten Blick, die Haut muss zu geschmeidigem Glanz poliert gewesen sein. Im gedämpften Licht des Tempels muss die Göttin wie eine Vision gewirkt haben.

In die Welt der dionysischen Idylle führt eine Statuengruppe des Götterboten Hermes, der den neugeborenen Dionysos zu den Nymphen trägt, entgegen manchen Zweifeln wohl ein originales Werk des Praxiteles (Abb. 37). Der Gott wendet sich dem Kleinen mit hochgehaltenen Weintrauben in intimer Zuneigung zu. Wie häufig bei Praxiteles, bietet der Körper sich in reizvoller Kurve zwischen tragendem Bein und stützendem Baum wie ein Schaubild dar. Die auf und ab gleitende Oberfläche spielt über Leib und Glieder hinweg, die glatte Haut ist im Kontrast zu der schaumartigen Masse des Haares, dem stumpfen Stoff des faltenreich drapierten Manteltuches und dem rauhen Baumstamm zu sinnlicher Wirkung gebracht. Die organische Gliederung des 5. Jh. wird verschleiert, alles ist Oberfläche und optischer Reiz.

Bezeichnend für die neue Emotionalität der Zeit ist die große Bedeutung der Gestalten aus dem Umkreis der Aphrodite und des Dionysos, die die Kräfte der beiden Götter verkörpern. Von wilder Ekstase ist eine Mänade des Bildhauers Skopas ergriffen, die in jähen Tanzbewegungen, mit zerzaustem Haar und zügellos aufgerissenem Gewand ihren prallen Körper auslebt (Abb. 38). Hier werden in der mythischen Vision Kräfte freigesetzt, die in der Lebenswelt von den ‹bürgerlichen› Konventionen unterdrückt wurden.

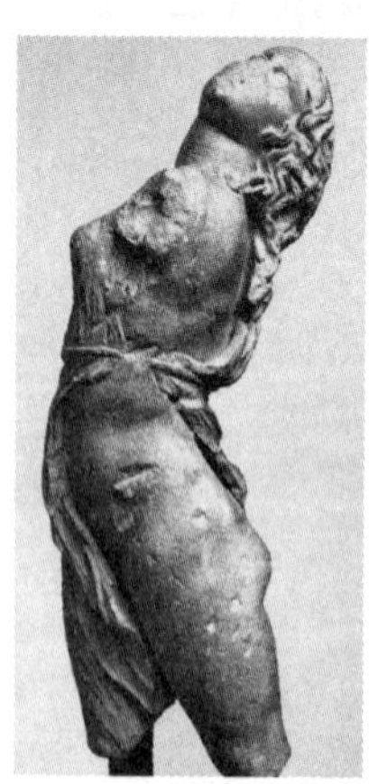

38 Tanzende Mänade, Werk des Skopas (Kopie). Um 340 v. Chr. Dresden

Am weitesten in Richtung auf die neue Kultur des Hellenismus sind offenbar die Götterbilder des Lysipp gegangen, die jedoch weitgehend verloren und schwer zu rekonstruieren sind. Programmatische Bedeutung hatte der sog. Kairos, der nur durch Wiedergaben in Reliefs überliefert ist (Abb. 39). Die Figur ist eine Allegorie des «rechten Augenblicks» von hoher Suggestionskraft: ein Knabe von starkem erotischen Reiz, in elastischem Lauf vorbeihuschend, mit Flügeln an Rücken und Fersen, dazu mit langen Locken um die Stirn, aber kahlem Hinterkopf: nur zu fassen, wenn er auf einen zukommt, aber nicht mehr, wenn er vorüber ist. Auf einem Schermesser balanciert er die Schicksalswaage und gibt mit leichtem Fingerdruck den Ausschlag. Kairos war ein Schlüsselbegriff der Ästhetik wie der Ethik: der rechte Punkt in Raum und Zeit, der schicksalhafte Moment des Glücks. Er wurde als neue göttliche Macht erfahren im Zeitalter Alexanders des Großen, als die festen Strukturen der griechischen Welt aufbrachen, als die Räume weit, die Zeiten schnelllebig und die Lebensverhältnisse unsicher wurden.

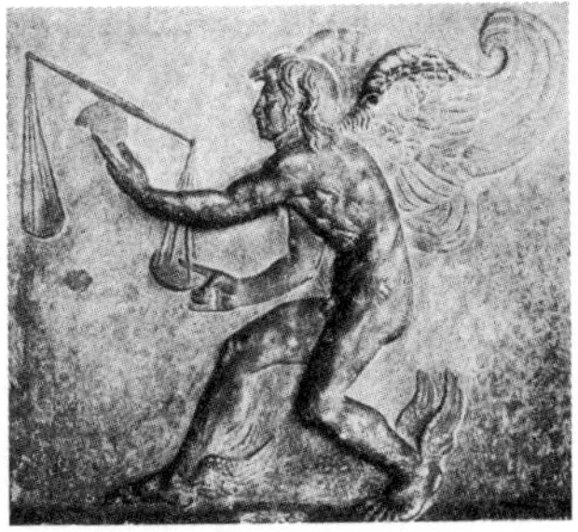

39 Kairos, Werk des Lysipp (Relief-Kopie). Um 330 v. Chr. Turin

Die archaische Kunst hatte Götter und Menschen in denselben Typen dargestellt und nur in den Attributen Unterscheidungen deutlich gemacht. Es war eine entscheidende Leistung der ‹klassischen› Zeit, dass sie Bildformen entwickelte, in denen Göttlichkeit als körperliche Erscheinung erfahrbar wurde. Zunächst waren es allgemeine Bilder der Erhabenheit, später wurde zunehmend die spezifische Wirkungsmacht der einzelnen Götter erfasst: Zeus als Herrscher der Welt, Apollon als Gott ethischer Ordnung, Athena als Repräsentantin staatlicher Macht, Aphrodite als Verkörperung bezwingenden Liebreizes. Es sind Bilder von göttlicher Individualität: Die Götter verkörpern ihre eigenen Kräfte.

5. Menschenbilder I: Athleten und Helden

Athletenbilder zwischen Dank und Ruhm. Der für die griechische Kultur so zentrale Lebensbereich der Athletik ist erst verhältnismäßig spät Gegenstand von Bildwerken großen Formats geworden. Das ist deshalb erstaunlich, weil Siege in einem großen Wettkampf (*agón*) außerordentlichen Ruhm bedeuteten, der auch in gesellschaftliches Prestige und politische Macht umgesetzt werden konnte. Zwar sind die Kouroi mit ihren nackten Körpern wohl von Anbeginn von der Praxis und dem Ideal athletischer Ausbildung geprägt (s. S. 33 f.), doch ihre Funktion im Heiligtum und am Grab hat nichts mit der Institution der Agone zu tun. Erst seit dem mittleren 6. Jh. v. Chr. sind vereinzelt Standbilder für athletische Sieger bezeugt, erst im 5. Jh. wurden sie zu einer Gattung mit eigenen Gesetzen.

Athletenstatuen wurden in der Regel als Weihgeschenke in Heiligtümern errichtet, wo sie den Dank an die Gottheit für den Erfolg zum Ausdruck brachten. Zugleich aber waren sie die ersten Standbilder, bei denen die Ehrung für Verdienste explizit in den Vordergrund trat. Für beide Motive gab es grundsätzlich zwei Orte: zum einen die Stätte des Sieges, vor allem die großen gesamtgriechischen Heiligtümer, zum anderen die eigene Stadt. An beiden Orten traten Dank und Ruhm, Weihung und Ehrung in ein spannungsvolles Verhältnis zueinander. Daraus entwickelten sich von Ort zu Ort verschiedene Praktiken, Regeln und Normen der Aufstellung von Standbildern für athletische Sieger.

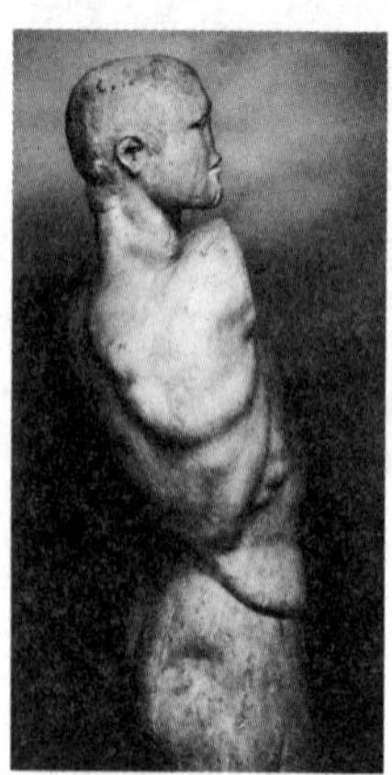

40 Diskoswerfer (Kopie). Um 470 v. Chr. Rom, Palazzo Altemps

Nackte Körper, ruhig und in Bewegung. Die erhaltenen Athletenbilder sind Zeugnisse eines einzigartigen Kultes des nackten männlichen Körpers. Die bewegungsfreudigen Kunstformen des 5. Jh. eröffneten hier ganz neue Möglichkeiten. Da die athletische Ausbildung den Übergang vom Kind zum Mann in stark differenzierten Altersgruppen vollziehen ließ, wurde besonderer Wert auf die Unterschiede der Körperformen gelegt: von schlanken und weichen Knaben bis zu kräftigen und duchtrainierten Männern. Vor allem in den Zwischenstufen liegt ein hoher (homo-)erotischer Reiz.

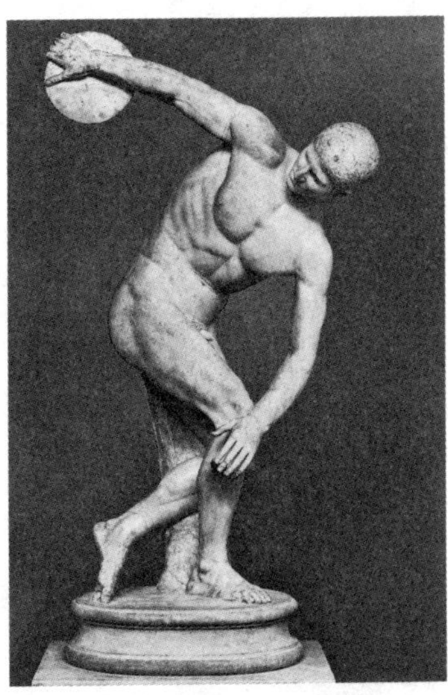

41 Diskoswerfer, Werk des Myron (Kopie). Um 450 v. Chr. Rom, Palazzo Massimo

Revolutionär waren Darstellungen von Athleten in Aktion. Ein Diskoswerfer, der die Scheibe mit beiden Händen über den Kopf hochgerissen hat, entfaltet in starker Drehung und äußerster Streckung einen Körper, dessen Leisten, Bauch-, Brust- und Rückenmuskeln, Rippen, Schultern und Halssehnen geradezu gewaltsam nach außen drängen (Abb. 40). Wenig später hat der Bildhauer Myron diese eruptiven Kräfte in einem Bewegungsbild von höchster klassischer Ausgewogenheit gebändigt (Abb. 41): Sein Diskoswerfer (Diskobol) ist auf dem labilen Scheitelpunkt zweier gegenläufiger Bewegungen erfasst: Schritt und Körper sind in elastischer Beugung nach vorne gewandt, dagegen Kopf und Arme im weiten Ausholen nach hinten gerichtet; beide Aktionen schlagen in die Gegenbewegung um, der Körper wird hochschnellen, der Arm die Schleuderkraft entfalten. Höchste Dynamik wird in dem spannungsvollen Nullpunkt zwischen den Entladungen von divergierenden Kräften gebündelt und im Gleichgewicht über einem einzigen tragenden Bein sichtbar gemacht. Die Athletik und ihre Disziplinen haben in der Bewegung individuelle Form erhalten.

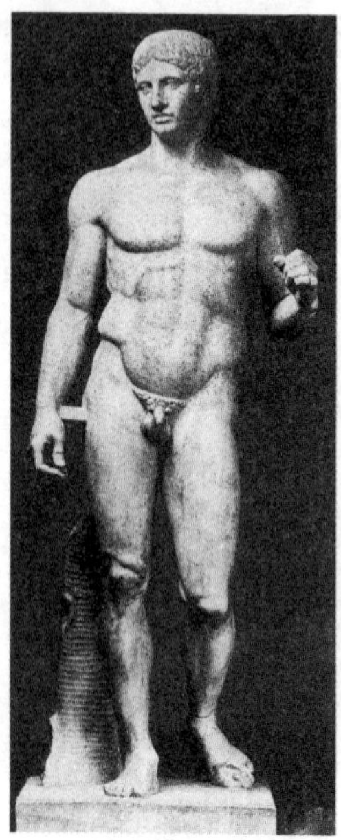

42 Doryphoros (Heros mit Lanze), Werk des Polyklet (Kopie). Um 440 v. Chr. Neapel

Polyklet und die Ideale der dorischen Aristokratie. Einen ‹klassischen› Höhepunkt hat das Bild des Athleten durch den Bildhauer Polyklet erreicht. Aufgewachsen in den alten Kunstzentren Sikyon und Argos, hat er seine Wirkung als Exponent der Aristokratie in den Städten der Peloponnes entfaltet. Für diese Klientel, bei der die Ideale des Athletentums ungebrochener in Geltung waren als in Athen, hat er vor allem Siegerstatuen in Olympia und anderen Heiligtümern geschaffen. Hochberühmt war bis in die Spätzeit sein Standbild eines Speerträgers, der Doryphoros, der wahrscheinlich einen mythischen Helden als höchste Steigerung athletischer Ideale darstellte (Abb. 42): Als Musterfigur des ‹klassischen› Menschenbildes gewann dies Werk größten Einfluss auf die spätere Kunst der Antike.

Im Doryphoros sind formale Möglichkeiten der ponderierten Figur auf die Spitze getrieben und in einer stark reflektierten Weise zu einem System gesteigert, das mit dem Begriff des ‹Kontrapost› bezeichnet werden kann. Alles spielt sich im Körper und seinen Kräften ab. Das entlastete Bein steht nicht mehr mit voller Sohle auf dem Boden, sondern ist weit zurückgesetzt und berührt nur noch mit dem Fußballen den Grund. Dadurch ist das Gewicht so weit auf ein Bein verlagert, wie es bei einer stehenden Figur überhaupt möglich ist. Als Folge ergibt sich eine stärkere Schräglage der Hüfte, die durch stärkere Biegung des Körpers wieder ausgeglichen werden muss. Trotz des zurückgesetzten Fußes ist es kein Schreiten, weil beim Gehen die Hüfte nicht mit jedem Schritt abgesenkt wird; es ist ein Stand, bei dem Tragen und Lasten, Spannung und Entspannung ins Extrem gesteigert sind. Darüber hinaus sind aktive und passive Glieder x-förmig aufeinander bezogen: Dem tragenden rechten Bein ist der den Speer haltende linke Arm entgegengesetzt, dem entlasteten linken Bein der hängende rechte Arm. Daraus ergibt sich, dass die Schräge der Hüfte von einer Gegenschräge der Schultern ausgeglichen wird. Der Kopf vollendet die Biegung des Körpers mit einer Wendung nach rechts. Diese Prinzipien sind bis in die kleinsten Details durchgeführt: Selbst die Haarlocken mit ihren elastischen Sichelformen sind in spannungsvoller Weise gedehnt und wieder zusammengeführt. Die Figur mit allen ihren Elementen verkörpert eine perfekte Harmonie aus Kräften und Gegenkräften.

Polyklet war der erste griechische Künstler, der die Prinzipien seiner Kunst theoretisch durchdacht und in einer Schrift als «Kanon» begründet hat. Die wenigen Fragmente, die davon erhalten sind, beziehen sich erstaunlicherweise nicht auf die Formen des Kontraposts, die seinen Figuren abzulesen sind, sondern auf Messungen und Proportionen: auf das Verhältnis vom Finger zur Hand, zur Elle, zum Arm, und so fort. Dass daneben in der Schrift auch die Prinzipien des Kontraposts begründet wurden, kann nur vermutet werden.

Polyklets «Kanon» gehört in die Zeit eines hochfliegenden intellektuellen Optimismus, der durch rationales Denken ein Ideal zu konstruieren hoffte. Der Kanon war Wahrheit und darum nicht beliebig veränderbar. Dabei ging es nicht nur um ein ästhetisches Ideal: Das ‹Schöne› war zugleich in einem ethischen Sinne ‹gut›, und das Menschenbild der Kunst sollte als Vorbild in die Wirklichkeit wirken. Man scheint geglaubt zu haben, im Bild den idealen Menschen schaffen zu können.

Was die antiken Quellen verschweigen, ist, wie es sich mit so vielen idealen Körpern in den Bildwerken leben ließ, wie man angesichts solcher Vorbilder mit der eigenen, meist weniger vorbildhaften Erscheinung umging? Es muss ein hohes Maß an Selbstkontrolle erfordert haben, um diesen Maßstäben standzuhalten.

Lysipp und die Dynamisierung des Körpers. Die Ideale der Körperkultur wurden über Generationen von der florierenden Schule Polyklets fortgeführt, an deren Ende, zur Zeit Alexan-

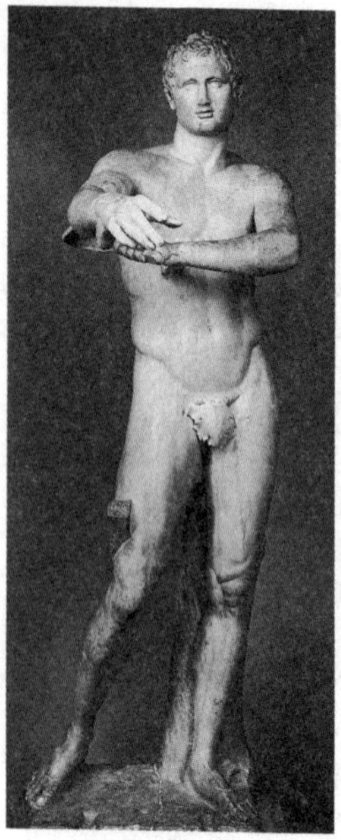

43 Apoxyomenos (Athlet mit Schabegerät), Werk des Lysipp (Kopie). Um 320 v. Chr. Vatikan

ders des Großen, Lysipp steht. Bezeichnenderweise soll er als seinen Lehrmeister einerseits Polyklet selbst, andererseits die Natur genannt haben: Das scheint zu bedeuten, dass er von dem großen Bildhauer den allgemeinen Sinn für den athletischen Körper, von der Natur neue Formen der Darstellung hergeleitet hat. Der menschliche Körper als Träger von Energie und Leistung ist das zugleich physische und ethische Grundthema Lysipps. Nicht zuletzt war es diese Dynamik des Körpers, deretwegen Lysipp zum bevorzugten Bildhauer Alexanders wurde.

Das berühmteste Athletenbild des Lysipp, der sog. Apoxyomenos, stellt einen Sieger dar, der sich mit einem Schaber vom Staub und Öl des Wettkampfs reinigt (Abb. 43). Anders als bei Polyklet strebt die Figur in einem elastisch angespannten Stand beider Beine in die Höhe; ein kurzer muskulöser Körper und ein kleiner Kopf mit durcheinander aufgesträubten Locken verstärken den Zug nach oben; die Arme und der intensive Blick aus kleinen tiefen Augenhöhlen stoßen prononciert in den Raum vor. Das klassische System von Anspannung und Entspannung hat seine Geltung verloren, alles ist Energie.

Wie Polyklet, so hat Lysipp die neue Grunderfahrung der körperlichen Energien in Figuren übermenschlicher Helden weiter ausgeführt. In dem berühmten Bildnis Alexanders «mit der Lanze» hat er den heroischen Protagonisten der neuen Zeit als Eroberer weiter Räume mit emphatisch in die Ferne gewendetem Blick dargestellt (Abb. 62). Den Gegenpol dazu stellt ein Bild des Herakles dar, dessen kolossale römische Replik aus der

Sammlung Farnese die Körperformen in starker Übersteigerung wiedergibt: nach der letzten seiner Taten ermattet auf die Keule gelehnt, die Äpfel der Unsterblichkeit in der eingestützten Hand hinter dem Rücken verbergend. Alexander selbst hat in eigener Person auf seinen Feldzügen die beiden Leitbilder der stärksten Energieentfaltung und der größten Mühseligkeit (*ponos*) miteinander verbunden. Lysipp hat den Körper vom menschlichen Athleten her begriffen und in den übermenschlichen Gestalten von Alexander und Herakles in beiden Richtungen ausgelotet.

Damit hatte das Menschenbild der klassischen Zeit seine ideale Homogenität und kollektive Verbindlichkeit weitgehend verloren. Alexander und seine mythischen Helden sprengten die Normen. Die hellenistische Welt hat diese Tendenzen zu extremen Gegensätzen fortgeführt.

6. Menschenbilder II: Frühformen des Porträts

Die ‹klassische› Zeit des 5. und 4. Jh. v. Chr. war von der erregend neuen Erfahrung geprägt, dass der Mensch seine Verhältnisse aus eigener Kraft und Verantwortung zu gestalten vermag. Das führte dazu, dass in den städtischen Gemeinschaften einzelne führende Persönlichkeiten eine dominierende Rolle spielten, die nicht mehr ausschließlich von kollektiven Normen, sondern immer stärker von ihrer eigenen Wesensart geprägt erschien. Dieser tiefe mentalitäts- und sozialgeschichtliche Wandel hatte weitreichende Folgen für das Menschenbild in der griechischen Kunst.

Öffentliche Bildnisehrung. Eine grundsätzlich neue Praxis wurde für die Aufstellung von öffentlichen Bildnissen mächtiger und bedeutender Männer eingeführt. Nach traditioneller Sitte, die in archaischer Zeit ausgebildet worden war, stellten Mitglieder der führenden Schichten zum Dank für die Gunst der Götter und eigenen Erfolg in den Heiligtümern Bildwerke auf, meist anonyme Verkörperungen eines der Gottheit gefälligen Menschenbildes, in einzelnen Fällen aber auch Darstellungen ihrer selbst und ihrer Familien. Dies war auch die Praxis lokaler Machthaber: In Samos etwa hat Aiakes, der Vater des ‹Tyrannen› Polykrates, der Hera ein überlebensgroßes Marmorbildnis von sich auf einem reichen Thron geweiht. Solche Selbstweihungen waren Akte selbstbewusster Religiosität und blieben durch die ganze Antike hindurch weit verbreitet.

Demgegenüber setzte mit der Gruppe der Tyrannenmörder (Abb. 27) in Athen eine ganz neue Praxis ein: Hier war es die politische Gemeinschaft der Bürger, die zwei Mitbürger durch die Errichtung öffentlicher Bildnisstatuen ehrte. Der Ort solcher kollektiver Ehrung war vor allem das politische Zentrum der Agora; aber auch andere öffentliche Gebäude, ebenso wie die zentralen Heiligtümer der Städte, konnten Schauplätze von Bildnissetzungen werden. Daneben entwickelte sich eine private Bildnisehrung, durch Familienangehörige oder Anhänger, meist in Form von Votiven in den Heiligtümern.

Die öffentliche Bildnisehrung hatte einen dezidiert politischen Charakter. In den Volksversammlungen, die über die Ehrenbildnisse berieten, wurden heftige Debatten über die Ansprüche der führenden Staatsmänner und der Gemeinschaft der Bürger geführt: ob etwa der Ruhm eines militärischen Sieges dem Feldherrn oder dem ganzen Heer gebühre. Bei den Entscheidungen zeigte sich, ob in den Bürgerschaften egalitäre oder elitäre Tendenzen vorherrschten.

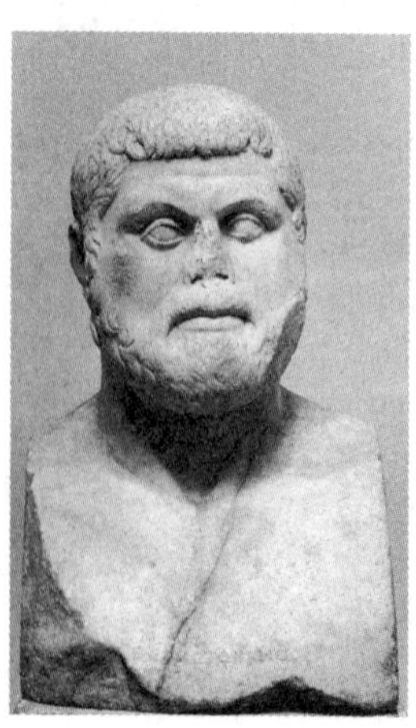

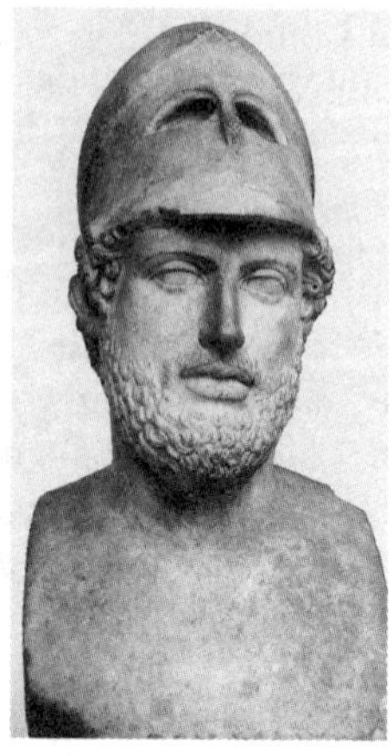

44 Themistokles (Kopie). Um 460 v. Chr. Ostia
45 Perikles (Kopie). Um 430 v. Chr. London, British Museum

Staatsmänner, Dichter, Philosophen. Im Rahmen des öffentlichen Ehrenbildnisses wurde in Griechenland die individuelle Erscheinung zum Thema. Bei den archaischen Votivfiguren spielte das persönliche Aussehen noch keine Rolle; allenfalls konnten einzelne Merkmale wie geschwollene Ohren oder eine gebrochene Nase Kampfsportler charakterisieren, jedoch im Sinn eines (positiven) Gruppenmerkmals. Grundsätzlich trat die Frömmigkeit vor der Gottheit in einem kollektiven Menschenbild auf. Bei den Ehrenbildnissen aber stellte sich mehr und mehr die Frage nach der Individualität.

Die Tyrannenmörder Aristogeiton und Harmodios wurden in den allgemeinen Menschentypen des älteren und des jüngeren Mannes gezeigt: Als politische Leitbilder verkörperten sie den Typus des Bürgers. Dagegen erscheint in dem Bild des Feldherrn Themistokles, des Siegers gegen die Perser bei Salamis (480 v. Chr.), zum ersten Mal eine Physiognomie von stärkerer Eigenart (Abb. 44): mit kugeligem Kopf, gewölbter Stirn, tiefliegenden Augen unter hochgezogenen Brauen und vorgeschobenem Kinn, manches an Herakles erinnernd. Ob Themistokles so ausgesehen hat, bleibt unbekannt – jedenfalls aber wurde er mit Zügen dargestellt, die deutlich vom Normaltypus abweichen und eine Aussage über ihn als Individuum machen: Energie und Eigenwilligkeit. Hier wird in neuer Weise ein Mann vor Augen gestellt, der in dieser Umbruchszeit die Spielräume des Verhaltens ausgeweitet hat, der sich von den Normen des Adels lossagte und von dem hervorgehoben wurde, dass er immer ein ‹Besonderer› (*idios*) sein wollte.

Damit ist freilich nicht ein allgemeiner Fortschritt der Kunst zu größerem Realismus bezeichnet. Eine Generation später zeigte eine Bildnisstatue auf der Akropolis von Athen den Staatsmann Perikles in völlig unpersönlicher Form, nur durch den Helm als Heerführer ausgezeichnet (Abb. 45). Darin kommt eine Auffassung des Staatsmannes zum Ausdruck, die individuelle Ansprüche vermeidet und sich in die Normen des Staatsbürgers einreiht. Typisierende und individualisierende Darstellung sind nicht allgemeine Phänomene des Zeitstils, sondern bilden zwei Optionen, die von der beabsichtigten Aussage abhängen.

Neben den Staatsmännern gewannen die Repräsentanten der ‹Kultur› öffentliche Bedeutung. Homer, der archaische Dichter, der in den Epen der «Ilias» und der «Odyssee» den griechischen Göttern und Heroen prägende Gestalt gegeben hatte, wurde in einem eindrucksvollen Bildnis von blindem Sehertum und weisem Alter evoziert (Abb. 46). Dagegen zeigt ein Bildnis den zeitgenössischen Lyriker Pindar mit emphatischem Ausdruck dichterischer Anstrengung. Wer diese Bildnisse errichtete und an welchem Ort sie standen, ist nicht bekannt; jedenfalls müssen sie den Stolz einer Stadt oder einer Person bezeugen, deren Ruhm durch einen Dichter hohen Ranges begründet wurde.

Deutlich sind solche Bestrebungen in Athen, das sich nach dem Niedergang der politischen Macht im 4. Jh. v. Chr. als kulturelles Zentrum Griechenlands profilierte und zum Ziel von Besuchern von weither wurde. Hier berief man sich vor allem auf die großen Dichter, Philosophen und Historiker der Vergangenheit, die in öffentlichen Bildnissen vor Augen gestellt wurden. Der Staatsmann Lykurg ließ im neu ausgestalteten Theater Standbilder der drei großen Tragödiendichter des 5. Jh., Aischylos, Sophokles und Euripides, errichten. Die beiden älteren Dichter erscheinen ohne individuelle Züge, als exemplarische Leitbilder bürgerlicher Tugenden. Sophokles, dessen Standbild mit ganzem Körper überliefert ist, tritt in einer aktiven Haltung auf, mit vorgesetztem Bein und herausgewendetem Kopf, und zugleich mit eng umhüllendem Manteltuch, das nur gemessene und kontrollierte Bewegungen zulässt: ein Habitus der Selbstkontrolle, der nicht nur als physisches, sondern auch als ethisches Leitbild für öffentliches Verhalten galt. In diesem Sinn beziehen griechische Bildnisse immer die ganze Gestalt mit ihrem Habitus und ihren Gesten als Träger der Botschaft ein.

Auch Bildnisse von Philosophen hatten eine wenigstens eingeschränkt öffentliche Funktion. Als Platon um 386 v. Chr. die Schule der Akademie gründete, ließ er dort eine Bildnisstatue seines Lehrmeisters Sokrates errichten, die in hohem Maß provozierend gewirkt haben muss (Abb. 47). Der Philosoph, der wegen seiner revolutionären Anschauungen zum Tod verurteilt worden war, erscheint in der Hässlichkeit eines Silens, wie ihn

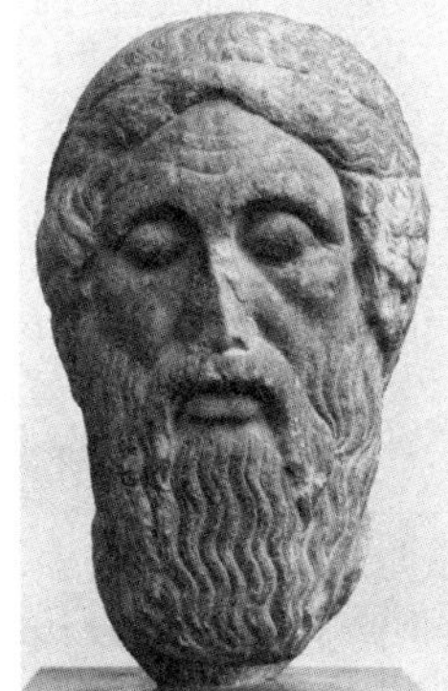

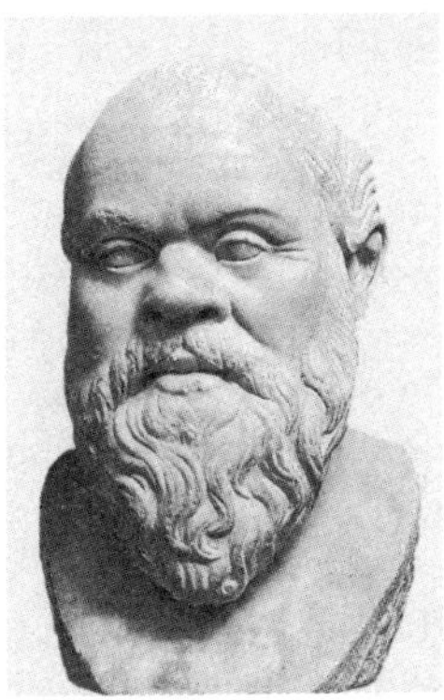

46 Homer (Kopie). Um 460 v. Chr. München
47 Sokrates (Kopie). Um 385 v. Chr. Neapel

seine Gegner verspottet hatten. Wenn diese Züge in dem Bildnis von seinen Anhängern als rühmender Ausdruck eines unbequem kritischen Fragens eingesetzt werden, so sind damit zentrale Werte der Polisgesellschaft in Frage gestellt. In dieser Gestalt hielt die Gruppe sich den Meister als ‹Vorsteher› (*prostátes*) präsent, um in seinem Geist weiter zu philosophieren.

Damit war eine Gattung des ‹Schulbildes› entstanden, die Folgen hatte. Platon selbst wurde, wohl nach seinem Tod, in der Akademie mit einer Bildnisstatue in Erinnerung gehalten, allerdings in ganz anderer Auffassung als Sokrates: Der normative Denker der Welt der Ideen wird nach dem allgemeinen Leitbild des älteren Bürgers dargestellt, das hier durch Falten des Ernstes und der Nachdenklichkeit bereichert ist.

Die Bildnisstatuen von Staatsmännern wie von Trägern der ‹Kultur› waren eine öffentliche Angelegenheit. Sie hielten berühmte Gestalten der Vergangenheit und der Gegenwart im öffentlichen Raum präsent: als Leitbilder, die Maßstäbe setzten und zur Nachahmung aufriefen. Je nach der intendierten Botschaft konnten sie im exemplarischen Typus des Bürgers oder in stärkerer Individualisierung erscheinen. Dabei spielt es nur eine sekundäre Rolle, ob die Ähnlichkeit der tatsächlichen Physiognomie entspricht oder im Bild behauptet wird. Entscheidend ist, dass die ersten Schritte getan werden, um Individualität als solche zu erfassen und ihr Bedeutung zu geben.

7. Grabreliefs: Eine Gesellschaft in der Perspektive des Todes

Die ‹klassische› Zeit des 5. und 4. Jh. v. Chr. hat zu einer einzigartigen Blüte der Gattung des Grabreliefs geführt. Als Gegengewicht zu den repräsentativen Denkmälern des Staates traten hier die Familien in den Vordergrund. Immer noch waren die Gräber allerdings keine Stätten privaten Gedenkens in abgegrenzten Friedhöfen, sondern reihten sich als Familienbezirke gut sichtbar an den Ausfallstraßen jenseits der Stadttore aneinander, wo die Grabstelen sich mit Bild und Inschrift wirkungsvoll an die Vorübergehenden wendeten. Die reichste Entfaltung fand die Grabkunst, wie bereits in archaischer Zeit, in Attika, wo nicht nur im Bezirk des Kerameikos von Athen, sondern auch anderswo reich gesäumte ‹Gräberstraßen› erhalten sind.

Die Grabkunst stand unter politischen Rahmenbedingungen. Da die repräsentative Ausgestaltung von Begräbnisfeiern und Gräbern einen Anspruch auf öffentliche Geltung zum Ausdruck brachte, wurde in Griechenland immer wieder überzogener Grabluxus eingeschränkt. In Athen fand die glanzvolle aristokratische Grabkunst der archaischen Zeit zu Beginn des 5. Jh. v. Chr. im Zug der Entwicklung zu einer egalitären demokratischen Gesellschaft ein Ende, wahrscheinlich nicht durch ein Gesetz, sondern durch gesellschaftliche Selbstkontrolle. Während des nächsten halben Jahrhunderts wurden in anderen Landschaften, besonders auf den ägäischen Inseln, neue Formen erinnernder Darstellung von Verstorbenen entwickelt. Erst das steigende Selbstbewusstsein breiterer Schichten zur Zeit des Perikles führte in Athen gegen 430 v. Chr. wieder zu einer dichten Produktion von Grabreliefs von einfacher bis guter, bisweilen ausgezeichneter Qualität. Diese vielgestaltige Selbstdarstellung der attischen Bürgerschaft wurde von dem Machthaber Demetrios von Phaleron (317–307 v. Chr.) durch ein Gräberluxus-Gesetz abrupt abgebrochen.

Die Formen und Bildmotive der Stelen sind gegenüber der archaischen Zeit stark verändert. Schon in der Umbruchszeit um 500 v. Chr. war in Athen und anderen Städten neben den hohen Stelen mit einer einzigen stehenden Figur ein breites Format aufgekommen, auf dem mehrere Figuren zueinander in Beziehung gesetzt werden konnten. Diese Form wurde in klassischer Zeit dominierend.

Die Verstorbenen erscheinen in einfachen Grundkonstellationen. Der Ehemann tritt seiner Frau gegenüber, oft sind sie im Handschlag verbunden, die Blicke treffen sich (Abb. 48); der alte Vater oder eine Dienerin im Hintergrund können das Paar zur Familie und zum Hausstand erweitern. In solchen ‹dialogischen› Beziehungen wurden die Verstorbenen im Gegensatz zu einem Gegenüber charakterisiert und sozial wie emotional in den Kreis ihrer Familie und ihres Haushalts gestellt.

Auffällig selten werden die Verstorbenen mit ihren persönlichen Lebensbedingungen, Leistungen oder Todesschicksalen in Erinnerung gerufen: In der Regel treten sie in einem einheitlichen Habitus des Bürgers auf, in schlichten Stellungen und entspannten Haltungen, mit wohlgeordneten Gewändern. Maßvolle Würde und Besonnenheit der Männer, Schönheit und Anmut der Frauen zeigen ein Bild von hoher Konformität. Dazu kommen die jungen Söhne und Töchter, die geliebten Kinder und die weisen alten Väter, und weiter die Diener und Dienerinnen, die zugleich den sozialen Rang und die affektive Verehrung der Verstorbenen bezeugen, denen sie gedient hatten. Die Familien und Haushalte treten uns in einem stark normierten Bürgerbild entgegen, in der Gliederung der Geschlechter, Altersgruppen und sozialen Stufen. Dies Bild ist so allgemein gültig, dass es für ein breites gesellschaftliches Spektrum gilt: Die Soziologie der atti-

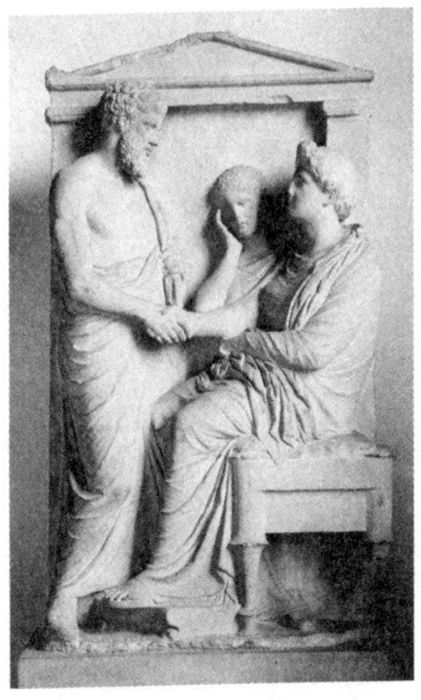

48 Grabrelief für Thraseas und Euandria. Um 350 v. Chr. Berlin

schen Grabreliefs umfasst, wie die Inschriften erkennen lassen, obere und mittlere Schichten wie auch integrierte Fremde (Metöken).

Dennoch sind die Grabreliefs kein reiner Spiegel der attischen Gesellschaft. In vielen Grabbezirken wurden die Oberhäupter der Familien mit sparsam dekorierten Inschriftenstelen geehrt, dagegen wurden figürliche Stelen vor allem für Frauen, jüngere Männer, Mädchen und Kinder errichtet. Darin lebte die besondere Betroffenheit über den vorzeitigen Tod weiter, die bereits in archaischer Zeit in der Errichtung von Grabfiguren vor allem für Jungverstorbene zum Ausdruck gekommen war. Hinzu kam eine starke Präsenz von weiblichen Verstorbenen. Es ist eine Hierarchie des Todes, die nicht in allem der Hierarchie der Gesellschaft der Lebenden entspricht.

Tatsächlich ist der Tod auf den Grabreliefs überall impliziert. Zwar nicht in der Weise, wie man gemeint hat, dass die Verstorbenen in ihrer spezifischen Existenz als entrückte, verklärte, heroisierte Tote den Lebenden gegenübergestellt seien. Offensichtlich sind es überall die Konstellationen des Lebens, die in den Bildern erinnert werden. Diese Erinnerung aber steht unter dem Eindruck des Todes. Gerade die künstlerisch hochstehenden Reliefs zeigen vielfach die Hauptfiguren in einer emotionalen Zuwendung und die Nebenfiguren mit Gesten der Klage und Trauer, die die Szene mit dem Bewusstsein des Todes durchdringen. Die Konstellation des Lebens wird aus der Perspektive der Endlichkeit und Sterblichkeit gesehen.

8. Festkultur und Totenkult: Bemalte Keramik

Formen und Entwicklungen. Die Vasenbilder der klassischen Zeit stellen auf den ersten Blick eine nahtlose Fortsetzung der archaischen Traditionen dar: Weiterhin war Athen das maßgebende Zentrum der Produktion, weiterhin war die rotfigurige Maltechnik vorherrschend, und weiterhin dienten die Gefäße sowohl bei den Festen der Lebenden als auch bei den Ritualen für die Toten. Die Stilformen wurden allerdings fortentwickelt.

Nach dem Aufbruch der spätarchaischen Zeit zu überbordender Bewegungsfähigkeit der Figuren stand nun das Bestreben im Vordergrund, Körper und Gewänder in ihren organischen und stofflichen Qualitäten wiederzugeben und in natürlichen Ansichten zu entfalten. Die Gestalten drehen sich vom Profil über die Schräg- in die Frontansicht, die Gewänder schmiegen sich um die Körper, die Augen öffnen sich im Profil erstmals zu einem gerichteten Blick.

Erst in spätklassischer Zeit, seit dem Ende des 5. Jh., entwickelte sich in Unteritalien, vor allem in Apulien, eine bedeutende Fortsetzung der attischen Produktion, mit monumentalen Gefäßen, die vielfach eigens für den Grabkult hergestellt wurden. Einigermaßen abrupt endete dann die Gattung der bemalten Vasen in den Jahrzehnten um 300 v. Chr.: Offenbar wurden im Hellenismus die oft nur in durchschnittlicher Qualität bemalten Tongefäße nicht mehr geschätzt und durch einzelne Luxusgefäße aus wertvolleren Metallen ersetzt (Farbtaf. 3,4), die dann mit einfacher dekorierten Produkten aus Ton ergänzt werden konnten.

Themen und Bedeutung. Die Bilder der Gefäße lassen um 480 v. Chr. einen weitreichenden Wandel der Verhaltensweisen, Leitbilder und Wertvorstellungen erkennen. Nach den Reformen des Kleisthenes waren die Vasen zunächst immer noch beherrscht von den extrovertierten und luxuriösen Lebensformen der Oberschicht, Symposion und Erotik, Athletentum, Jagd und Kriegertum: Die Demokratie übernahm die Werte der Aristokratie. Diese ganze Welt verschwand in der Zeit der großen Schlachten gegen die Perser aus der Bildkunst: Nicht, dass danach keine Symposien mehr begangen und keine athletischen Agone mehr ausgetragen worden wären – aber sie bestimmten nicht mehr wie früher das Selbstbild der Gesellschaft. Die Vasen reproduzieren nicht die tatsächliche Welt, sondern stellen eine Welt von Leitbildern vor Augen. In ihr standen neue Werte im Vordergrund: Besonnenheit, Schlichtheit und die Freuden des persönlichen Lebens.

Zweifellos waren die Erfahrungen der Perserkriege einschneidend. Sie betrafen nicht nur Politik und Macht (die in die Bilderwelt der Vasen nicht unmittelbar eindrangen), sondern riefen das allgemeine Bewusstsein wach, dass die eigene Lebensordnung bedroht war. Das warf mit neuer Schärfe die Frage nach den Gefahren von Fremdheit und Feindschaft auf und zog die Frage nach sich, welches die Werte der eigenen Ordnung waren. Fremdenbild und Selbstbild werden auf der ganzen Skala von Themen, von der Lebenswelt über die Heldenmythen bis zu den Göttern, durchgespielt. Die hohe Anspannung wird darin deutlich, wie weit die Reaktionen auseinandergingen: Neben Bildern euphorischer Hochstimmung stehen solche von auffallender Ambivalenz.

Bilder von Kämpfen gegen die Perser sind selten. Sie konstruieren einen eindeutig wertenden Gegensatz zwischen ethischen Antagonisten: Griechische Männlichkeit, Schlichtheit und Tapferkeit stehen gegen persische Weichlichkeit, Luxusverfallenheit und Feigheit. Wichtiger sind die großen Mythen von Angriffen gegen die griechische Welt. Vor allem die Amazonen gaben ein aktuelles Paradigma ab: Schon die mythischen Frauen sollen einen Feldzug gegen Athen unternommen haben und unter Führung von Athens König Theseus zurückgeschlagen worden sein. Monumentale Kompositionen schildern diesen Kampf als große kollektive Leistung der mythischen Vorfahren, ein Idealbild der eigenen Bürgerschaft (Abb. 49). Patriotisches Ethos dringt hier in die Bilderwelt des privaten Symposions ein.

Auf der anderen Seite stehen mythische Bilder von eindringlichem Mitgefühl für die ‹Anderen›. Ein bedeutender Vasenma-

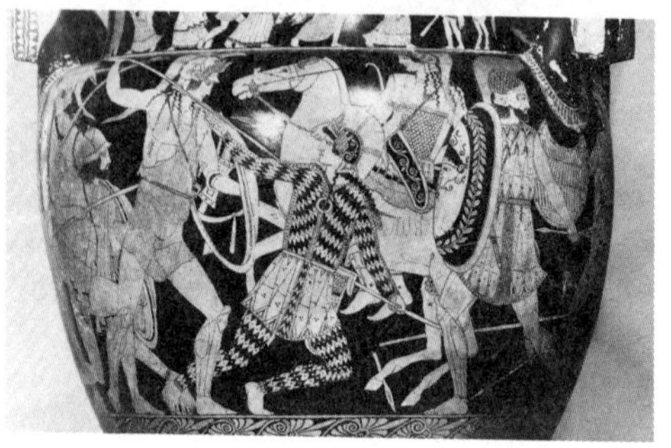

49 Attischer Kratér mit Kampf gegen die Amazonen. Um 450 v. Chr. Neapel

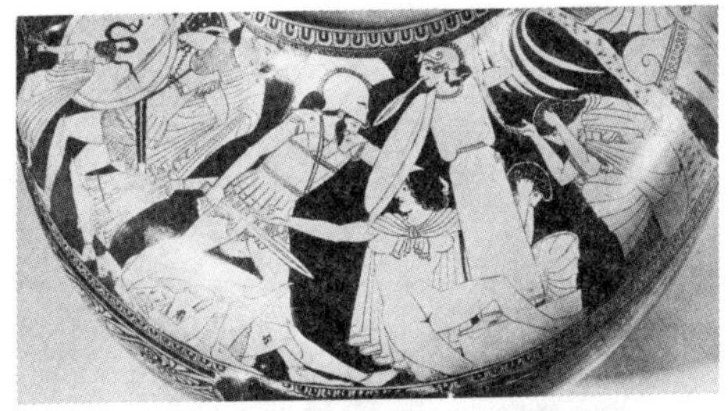

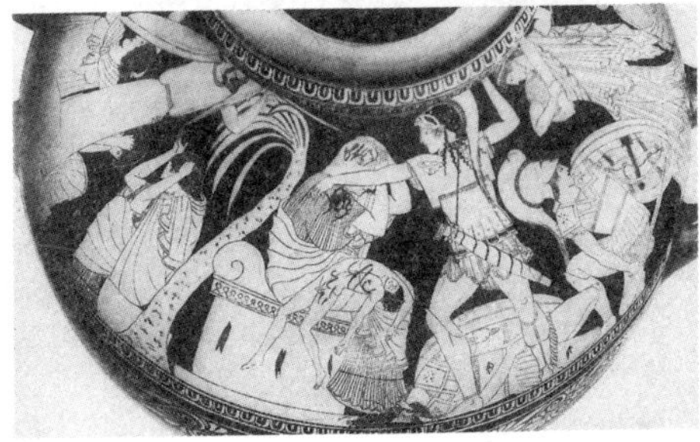

50 a, b Attische Hydria (Wassergefäß) mit Einnahme Troias. Um 480 v. Chr. Neapel

ler hat um 480 ein hochdramatisches Bild der Eroberung Troias gezeichnet (Abb. 50 a, b): Der griechische Held Neoptolemos hat den troianischen Prinzen Astyanax, mit schlaffem, blutüberströmtem Körper, auf dem Schoß des Königs Priamos zerschmettert; nun schickt er sich an, den Greis selbst, obgleich dieser sich mit hilflosen Händen über dem weißen Haar an einen Altar geflüchtet hat, mit einem Schwerthieb zu erschlagen. Daneben greift Aias die Priesterin Kassandra an, die beim Bild der Athena Schutz sucht; ihr schutzlos entblößter Körper ist vielleicht der schönste weibliche Akt der griechischen Kunst. Die eigenartigste Wirkung geht aber von zwei namenlosen troianischen Frauen aus, die verzweifelt am Boden hocken und über denen sogar der exotische Palmbaum sich in Trauer beugt. Dies erschütternde Bild der Eroberung einer Stadt ist offensichtlich unter dem Eindruck (oder in Erwartung) der Eroberung Athens durch die Perser entstanden. Aber hier sind die Rollen vertauscht: Es sind die Griechen, denen der Part der brutalen Vernichtung zugewiesen wird, während für die Troianer (die gerne

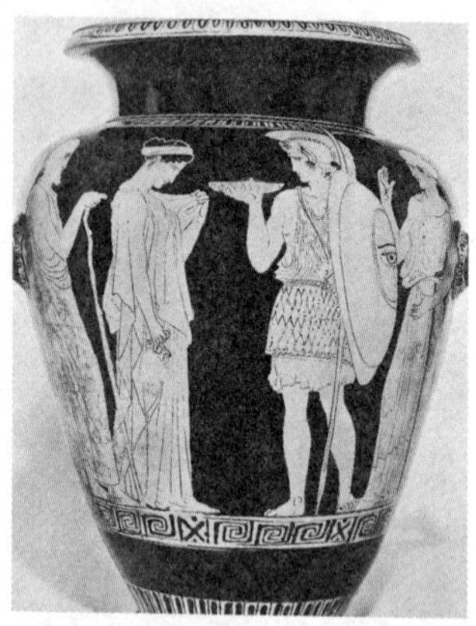

51 Weingefäß mit Abschied eines Kriegers. Um 430 v. Chr. München

mit den Persern verglichen wurden) zumindest ein deutliches Mit-Leiden aufgebracht wird. Die Wertungen der eigenen und der fremden Welt sind hier bemerkenswert ambivalent.

In Bildern der Lebenswelt werden die Ideale des Krieges in dieser Zeit doppelbödig. Seit archaischer Zeit war der Aufbruch von Kriegern aus ihren Familien als Erweis des Einsatzes ihres Lebens das häufigste Kriegsthema auf Vasen gewesen. Jetzt aber nehmen die Figuren einen Ausdruck von Versonnenheit an, der den drohenden Tod unmittelbar impliziert (Abb. 51). Der Blick auf das individuelle Schicksal setzt die Reflexion über die alten Leitbilder in Gang.

Es sind vor allem die Frauen, deren Perspektiven hier in den Vordergrund treten. Wenngleich sie damals im politischen Leben keine Rolle spielten und nach den sozialen Normen stark an das Haus gebunden waren, nimmt ihre Welt in dieser Zeit auf den Vasen wie auf den Grabreliefs einen immer größeren Raum ein. Es ist der Raum der Musik, der Kinder, des persönlichen Lebens.

Offensichtlich hat der große Krieg zwischen Athen und Sparta im späten 5. Jh. diese Tendenzen noch gesteigert. Der Weingott Dionysos und die Liebesgöttin Aphrodite beherrschen seither mehr und mehr die Atmosphäre der Vasen: eine weitreichende Entwicklung zu Idealen des entrückten Lebensgenusses, die auch in der Skulptur immer stärker in den Vordergrund traten. Gruppen junger Frauen im unbeschwerten Gespräch, Bräute bei der Schmückung, umgeben von Dienerinnen und Eroten, sind allgegenwärtig. Aphrodite selbst erscheint zu Wagen in rauschender Epiphanie (Abb. 52). Auf anderen Bildern findet sie

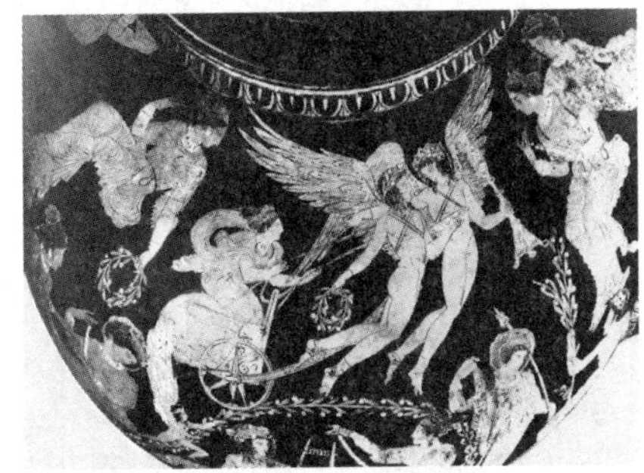

52 Hydria mit Aphrodite, Pothos (Verlangen) und Himeros (Sehnsucht). Um 420 v. Chr. Florenz

sich in der freien Natur im Kreis schöner Nymphen, denen sprechende Namen beigeschrieben sind, wie Eudaimonia oder Eutychia («Glückseligkeit» und «Erreichtes Glück»). In erstaunlicher Weise vermag die komplexe allegorische Bildsprache eine sinnlich-idyllische Atmosphäre zu evozieren.

In dem unvergleichlich harten und langen Krieg entsprachen solche Bilder offenbar verbreiteten Sehnsüchten nach einem Heraustreten aus den Bedrückungen der Gegenwart; sie behielten aber ihre Attraktivität in den folgenden Jahrhunderten in allen Gattungen der Bildkunst.

9. Formensprache, Menschenbild und Künstlertum

Die ponderierte Figur. Die neue Struktur der menschlichen Gestalt mit der Antithese von Anspannung und Entspannung, Aktivität und Passivität war eine Neuerung von fundamentaler Fernwirkung (Abb. 26, 42): Sie hat das Menschenbild der westlich geprägten Bildkunst bis ins frühe 20. Jh. hinein bestimmt. Was bedeutet das?

Der große Gewinn der neuen Formprinzipien muss, in den Augen der Zeitgenossen, vor allem in der Darstellung von natürlicher Kraft und Beweglichkeit gelegen haben. Der Körper wird der Schwerkraft unterworfen, damit er sich sichtbar aus eigener Kraft dagegen aufrichten kann. Die Figuren sind in einem neuen, wörtlichen Sinn ‹selbst-ständig› geworden. Dies ist eine Erfahrung, die immer wieder in der Dichtung dieser Zeit zu hören ist: dass die Menschen ihre Handlungen als intensive Entfaltung der eigenen Kräfte empfanden. Dabei geht es nicht nur um physische Fähigkeiten, sondern um eine weitreichende Freisetzung menschlicher Eigenkräfte, wie es mit höchstem Selbstbewusstsein der Philosoph Xenophanes formuliert hat: «Nicht haben von Anfang an die Götter alles den Menschen gezeigt, sondern diese selbst haben im Lauf der Zeit durch Suchen das Bessere gefunden.» Dass der Mensch sein Leben aus eigener Kraft in die Hand nehmen könne, war eine neue Grunderfahrung, die von der Politik bis zur Ethik und Religion führte.

Bezeichnenderweise wurden menschliche wie göttliche Frauen nur in sehr geringem Maß in der Dynamik der Ponderation dargestellt (Abb. 34): Die Entfaltung von aktiver Kraft und Beweglichkeit war weitgehend dem männlichen Ideal vorbehalten. Dafür wird an weiblichen Figuren ein anderer Zug der neuen Zeit deutlich: Die raffiniert übereinander drapierten, dünnstoffigen Gewänder der archaischen Frauen, die den Körper sinnlich umspielten (Abb. 10), sind auf einen Schlag verschwunden, sie galten nun als Luxus, den man eher mit den ‹verweichlichten› Persern verband. Die Tracht der neuen Zeit, der sog. Peplos aus schwerer Wolle, verhüllt die Körperformen unter waagerecht und senkrecht gegliederten Stoffbahnen, mit einer programmatischen Schlichtheit, die jetzt für griechisches Ethos stand.

Dass in der Erfahrung der eigenen Handlungskräfte und dem ethischen Habitus der Schlichtheit auch eine Reflexion auf die Möglichkeiten und Grenzen des eigenen Handelns eingeschlossen war, wird vielleicht in den neuen Ausdrucksformen der Gesichter deutlich. Menschen wie Götter haben das extrovertierte Strahlen der archaischen Zeit verloren und erscheinen mit ernsten Mienen auf sich selbst bezogen. Es ist dieser Ausdruck, der der ersten Phase der ‹klassischen› Kunst den Namen des ‹Strengen Stils› eingetragen hat. Doch er ist weit mehr als ein Kunststil: Der Habitus der Lebensformen selbst, die Einstellung zur Gestaltung der gemeinschaftlichen Verhältnisse, das Auftreten in der Öffentlichkeit hatten sich grundlegend geändert.

Über diese Bedeutungen der Kunstformen hinaus werden in

der Auffassung der Körper neue Grundformen des Denkens über die Gesetzmäßigkeit der Natur und die Ordnung der Welt deutlich. In der ponderierten Figur werden die physischen Kräfte in Gegensätzen zur Anschauung gebracht: Tragen gegen Entlastung, Anspannung gegen Entspannung. Kräfte und Gegenkräfte sind dynamisch aufeinander bezogen, alle Teile des Körpers reagieren kausal aufeinander: *Weil* das eine Bein trägt, ist das andere entlastet, liegt die Hüfte schräg, muss der Körper sich aufrichten. Es ist ein organisches Funktionssystem.

Eine entsprechende Auffassung vertrat der Philosoph Heraklit über das Wesen der Natur: «Das Widerstrebende geht zusammen, und aus dem Auseinandergehenden entsteht die schönste Harmonie, und alles entsteht im Widerstreit.» Die neue Gattung der Tragödie entfaltet sich im dynamischen Dialog von Protagonisten, die konträre Positionen zu Grundfragen ethischen Handelns vertreten. Die Politik entwickelt sich seit Kleisthenes in der spannungsvollen Auseinandersetzung zwischen antithetischen, aristokratischen und demokratischen, Staatsformen. Am weitesten hat der Arzt Alkmaion von Kroton den Bogen gespannt: «Der Gesundheit zuträglich ist die Gleichberechtigung (*isonomia*) der Kräfte, des Feuchten, Trockenen, Kalten, Warmen, Bitteren, Süßen usw., Krankheit erregend ist dagegen die Alleinherrschaft (*monarchia*) einer Kraft.» Nach dieser Anschauung wurde das Bild des Menschen in derselben Weise von gegensätzlichen Kräften beherrscht wie die Natur mit ihren Elementen und die Staatsordnung mit ihren politischen Formationen. Die Welten der physischen Körper und der politisch-ethischen Ordnungen waren nicht grundsätzlich voneinander geschieden.

Künstler und Kunstauffassung. Die neuen Kunstformen führten zu stark erweiterten Spielräumen der künstlerischen Gestaltung. Die archaischen Kouroi und Korai waren vorgegebene Figurentypen, die nur für die Ausarbeitung der Einzelformen Freiheiten ließen. Bei der ponderierten Figur dagegen musste der Künstler grundsätzlich entscheiden, welches Bein belastet, welcher Arm aktiv, wohin der Kopf gewendet sein sollte: Der gesamte Aufbau stand zur Disposition. Dasselbe gilt für stärker bewegte Figuren und szenische Kompositionen, bei denen die archaischen Schemata die Geltung verloren und die nun in jedem Werk neu konzipiert werden konnten.

Unter diesen Voraussetzungen bildeten einige führende Künstler einen ausgeprägt individuellen Stil aus. Sie erhoben sich damit über das Niveau des professionellen Handwerkertums, das in archaischer Zeit geherrscht hatte. Der Bildhauer Polyklet entwickelte die erste ‹philosophisch› ambitionierte Theorie der Kunst. Einige Künstler bildeten ein hohes Selbstbewusstsein aus: Der Maler Parrhasios behauptete stolz von sich, an die Grenzen der Kunst gelangt zu sein, trat deshalb in purpurnem Gewand und mit vergoldetem Kranz auf und nannte sich «genüsslich lebend» (*habrodíaitos*); umgekehrt soll der Bildhauer Apollodoros seine Werke z. T. zerstört haben, weil sie seinen eigenen Ansprüchen nicht genügten. Solche Berühmtheiten konnten in höhere gesellschaftliche Schichten aufsteigen und entsprechende Anerkennung finden: Der Maler Polygnot von Thasos soll in Athen öffentliche Gebäude ohne Bezahlung ausgemalt und dafür das athenische Bürgerrecht erhalten haben; man sprach sogar von einem Verhältnis mit der Schwester des führenden Staatsmannes Kimon. Eine noch höhere Stellung wird für den Bildhauer Phidias bezeugt, wenn ihm der Prozess wegen Unterschlagung von Staatsgeldern gemacht wurde, um damit seinen Patron, den Staatsmann Perikles, zu treffen. Dem entsprachen die Preise: Der Maler Zeuxis soll von dem makedonischen König Archelaos für die Ausmalung seines Palasts eine immense Summe erhalten haben, Pamphilos von Sikyon soll in seiner Heimatstadt die Malerei in den Unterricht der Jugend eingeführt und selbst für den Unterricht nicht weniger als ein Talent gefordert haben.

Die große Zahl der Bildhauer und Maler blieb weiterhin in dem Status durchschnittlicher Auftragnehmer. Abrechnungsurkunden für die Werkleute des Parthenon und anderer Tempel lassen Arbeitsverhältnisse und Vergütungen normaler Handwerker erkennen. Aus diesem Rahmen traten seit dem 5. Jh. v. Chr. einige führende ‹Meister› heraus, die ein neues Bild des ‹Künstlers› verkörperten.

IV

Hellenistische Zeit

1. Herrschermacht und individuelles Leben

Der Feldzug Alexanders des Großen, der innerhalb eines Jahrzehnts Ägypten und dann das Reich der Perser bis an den Indus unterwarf, hatte eine Umkehrung der bisherigen Formen und Werte des öffentlichen und privaten Lebens von größter Tragweite zur Folge. Die Monarchien der folgenden Jahrhunderte in Makedonien, Ägypten, Vorderasien und Anatolien/Pergamon entwickelten sich zu Machtzentren, die in ihrem Anspruch auf räumliche Ausdehnung und zeitliche Dauer ganz neue Maßstäbe setzten. Daraus entstanden entscheidende neue Voraussetzungen für viele Bereiche der Lebenskultur, auch für die Bildkunst. Der Begriff des ‹Hellenismus› bezeichnet diese letzte Epoche der eigenständigen griechischen Kultur zwischen Alexander und der endgültigen Integration in das Römische Reich unter Augustus (336–31 v. Chr.).

Die Könige präsentierten ihre Machtansprüche vor allem in den Hauptstädten ihrer Reiche und in den überregionalen Heiligtümern; ihre Denkmäler sprengten in eklatanter Weise die Repräsentation der klassischen Stadtstaaten. In den Residenzstädten wurden zentrale Kultstätten prächtig ausgestattet; die Paläste wurden mit Kunstwerken von höchster Qualität geschmückt. Die heterogene Bevölkerung der Metropolen, von griechischer wie orientalischer Provenienz, und die Elite der Herrscherhöfe stellten für die Manifestationen der Macht ein Publikum dar, das gegenüber der geschlossenen Welt der Polis ganz neue Aufgaben stellte.

Die Städte dagegen verloren nach außen weitgehend ihre politische Autonomie; dadurch kam die konkurrierende Präsenz mit ambitiösen Siegesmonumenten fast vollständig zum

Erliegen. Andererseits behielten sie ihre interne Autonomie als Zentren des bürgerlichen Lebens weitgehend bei und blieben daher für die Bürger starke Bezugspunkte der kulturellen Identität.

Noch wichtiger waren allgemeine Veränderungen im kulturellen Haushalt der Wertvorstellungen: Der besiegte Orient war in die eigene griechische Kultur integriert worden, dadurch wurde das gesamte Paradigma von griechischer Identität und orientalischer Gegenwelt obsolet. Die frei gewordene Rolle des Erzfeindes wurde auf die Kelten übertragen, die über den Balkan in die griechische Welt eingefallen waren. Das erforderte eine ganz neue Bestimmung der Opposition von Selbst und Fremd.

Innerhalb der eigenen Welt gerieten die Menschen räumlich und sozial stärker in Bewegung. Es verbreitete sich das Gefühl, einem unvorhersehbaren Schicksal ausgesetzt zu sein. Dadurch verlor das Bild des Menschen seine Homogenität: Statt des normativen, auf verlässlichen Lebenserwartungen beruhenden Menschenbildes der klassischen Polis stehen jetzt unterschiedliche Typen des Bürgers, Dichters, Philosophen bis hin zum abgerissenen Fischer, zum lächerlichen Krüppel, zum exotischen Diener und zum wilden Feind abrupt nebeneinander.

2. Monarchen: Charisma, Pathos, Einzigartigkeit

Alexander der Große hatte sein Weltreich in einem einzigartigen Feldzug, rein mit den persönlichen Energien seiner Führung von Gefolgsleuten und Heer begründet. Die nachfolgenden Herrscher der hellenistischen Reiche mussten ihre monarchische Stellung vor dem Hintergrund einer anhaltend starken Auffassung von politischer Egalität in der Tradition der klassischen Polis errichten. Das war nur möglich durch ein Höchstmaß an persönlichem Charisma, das die Akzeptanz der Herrschaft durch ständige außergewöhnliche Leistungen und Inszenierungen sicherte. Dabei spielten öffentliche Bilddenkmäler eine herausragende Rolle. Deren wichtigste Aufgabe war, bei den heterogenen Betrachtern der Metropolen und überregionalen Heiligtümer einzigartige Wirkungen hervorzurufen.

Alexander selbst hat starke Zeichen seiner Einzigartigkeit gesetzt. Seine Bildnisse bringen ein neues Herrscherideal zu visueller Wirkung (s. S. 110). Ein authentisches Zeugnis makedonischer Herrschaftsauffassung ist die monumentale Grabanlage bei Vergina, die häufig als Grab Philipps II. gedeutet wurde, wahrscheinlich aber einem Machthaber bald nach dem Tod Alexanders zuzuschreiben ist. Ein großes Gemälde über der Grabkammer, das eine vielfigurige Jagd schildert, ist das bedeutendste erhaltene Zeugnis spätklassisch-frühhellenistischer Wandmalerei (Farbtaf. 4,1). In einer landschaftlichen Szenerie sind herrscherliche Hauptpersonen, erwachsene Gefolgsleute und nackte Jugendliche in bedeutungsvoller Abstufung als Jäger gegen einen Löwen, einen Eber, einen Bären und einen Hirsch dargestellt. Die Jagd erscheint hier als traditioneller Brauch, der in Makedonien sozialen Rang bis zum Königtum begründete.

Als nach dem Ende des Feldzuges gegen Indien Alexanders engster Gefährte Hephaistion in jungen Jahren starb, ehrte er ihn mit Zeichen der Trauer von gewaltigen Dimensionen, nach dem mythischen Muster der Trauer Achills um Patroklos. Der Höhepunkt war die Verbrennung des Leichnams auf einem Scheiterhaufen von gigantischen Maßen: knapp 200 m in der Breite und Tiefe, 70 m in der Höhe. Der Aufbau war in sieben Zonen gegliedert, die mit vielfältigsten Bildwerken, wohl aus ephemeren Materialien, meist aber vergoldet, geschmückt waren. Die oberste Zone war von Sirenen bekrönt mit Hohlräumen, in denen Klagefrauen Platz fanden. Vor diesem überwältigenden Anblick wurde das gesamte Heer versammelt, der Klagegesang angestimmt – und die riesenhafte Konstruktion in Flammen gesetzt. Visuelle und akustische Eindrücke müssen sich in der spektakulären Zerstörung zu einzigartiger emotionaler Wirkung gesteigert haben.

Von hier war der Weg zur Utopie nicht weit. Der Architekt Deinokrates soll Alexander mit dem Vorschlag beeindruckt haben, den Berg Athos in ein Bildnis des sitzenden Königs auszugestalten, der in der einen Hand eine ganze Stadt halten sollte, in der anderen eine Schale, aus der sich ein Fluss ins Meer ergießt: Alexander als Herr über die städtische Kultur wie über die Gaben der Natur. Später machte ein ehrgeiziger Bildhauer den Vorschlag, eine Bildnisstatue der ägyptischen Königin Arsinoe II. aus Eisen in einem Tempel zwischen Magneten schwebend erscheinen zu lassen. Die Herrscher als Wunder: In solchen Wirkungen wurde Macht begründet.

Alexanders Nachfolger, die nach seinem frühen Tod um die Macht kämpften, konnten sein unwiderstehliches Charisma kaum wiederholen: Sie bezogen es von dem verstorbenen König, indem sie ihre besondere Nähe zu ihm hervorhoben. Ptolemaios, Alexanders Satrap in Ägypten, brachte seinen Leichnam in seinen Besitz, ließ ihn in einer wirkungsvoll inszenierten Fahrt von Babylon nach Memphis, später nach Alexandria bringen und dort als Unterpfand seiner Herrschaft bestatten. Der eigens dafür angefertigte Prunkwagen wurde über und über mit Symbolen und Emblemen der Siegesmacht ausgestattet; der Sarkophag war von einem Netz-Baldachin umgeben, an dem vier Gemälde angebracht waren mit Alexander als Feldherrn der vornehmsten griechischen und orientalischen Heeresabteilungen. Auf der langen Reise muss das Wunderwerk in den Städten Halt gemacht und den Bewohnern Gelegenheit zum emotional aufgeladenen Abschied von der königlichen Lichtgestalt gegeben haben.

Überwältigend war dann die performative Wirkung einer großen Prozession, die Ptolemaios II. zwischen 280 und 275 v. Chr. in Alexandria zu Ehren aller Götter veranstaltete und mit ephemeren Bildwerken ausstattete: Auf Wagen wurden Bilder von Göttern aufgefahren, die mechanisch bewegt Opferhandlungen ausführten, eine Grotte, aus der Vögel schwirrten, Bildnisse Alexanders mit dem Vater des Königs, gefolgt von Personifikationen griechischer Städte. Die Grenze zwischen lebenden Figuren und Bildwerken erschien in grandiosen Schaueffekten aufgehoben.

Auch in Denkmälern traditioneller Gattungen wurden alle Register gezogen. Ein berühmtes Gemälde einer Schlacht Alexanders, das in dem Alexandermosaik von Pompeii vorzüglich kopiert ist, muss wohl von einem der nachfolgenden Machthaber als Ausdruck seiner Verehrung in Auftrag gegeben worden sein (Farbtaf. 4,2). Das Bild führt ein dichtes Schlachtgetümmel im Anschein des äußersten Realismus vor Augen – und doch ist es von starken Wertungen geprägt. Die Schlacht ist als großer Zweikampf der Protagonisten von Griechenland und Orient stilisiert: Alexander unwiderstehlich vorstürmend, an der Spitze seiner kompakten Reitertruppe, gleich gerüstet als *primus inter pares*; der Perserkönig Dareios dagegen als einsamer Monarch auf seinem Wagen, mit hilfloser Gebärde, hoch über den Untertanen; die werfen sich voll Opfermut den Angreifern in den Weg, sehen paralysiert dem Unglück entgegen und werden brutal von den Gespannpferden überrannt. Dramatische Details fangen den Blick ein: eine abgebrochene Lanzenspitze im Hals eines gestürzten Pferdes, an der das Blut zu einer Lache herabrinnt; der Schild unter dem Rad des Wagens, in dem sich das Gesicht eines überrollten Persers spiegelt. Die Wirkung wird durch neue Kunstformen gesteigert: Geballte Überschneidungen schaffen einen suggestiven Tiefenraum, bis hin zu den starrenden Lanzen im Hintergrund; modellierende Schattierung gibt den Körpern eine unmittelbare plastische Präsenz. Eklatante Dramatik und Anschaulichkeit (*enárgeia*) sind die neuen Qualitäten der hellenistischen Kunst.

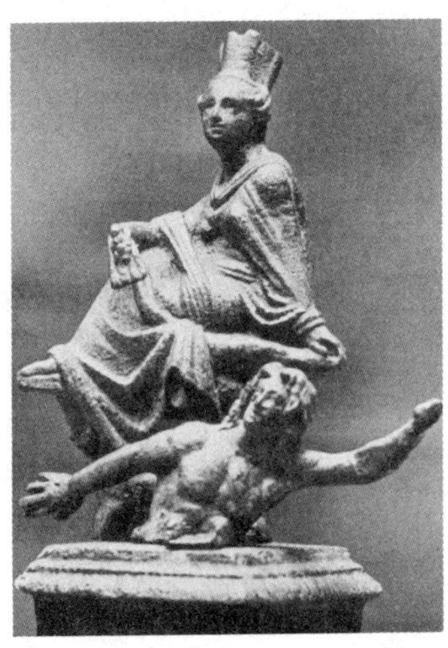

53 Stadtgöttin (sog. Tyche) von Antiochia (verkleinerte Kopie). Anfang 3. Jh. v. Chr. Paris, Louvre

In den Hauptstädten der hellenistischen Reiche wurden Denkmäler errichtet, die der heterogenen Bevölkerung Bilder der Identität gaben. Die sog. Tyche von Antiochia, Personifikation der Hauptstadt des Seleuki-

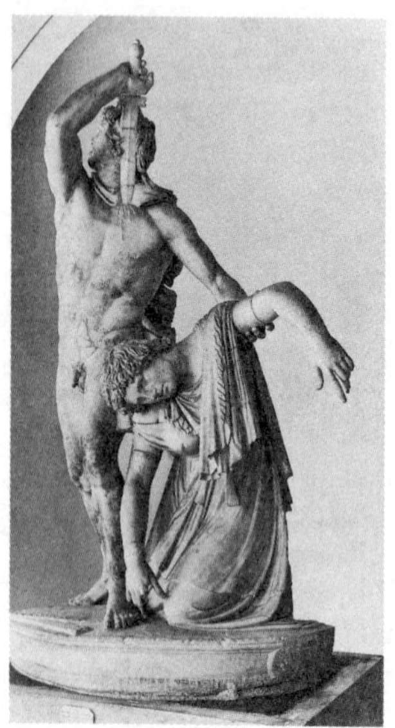

54 Keltenfürst und Frau, Selbstmord (Kopie). Um 220 v. Chr. Rom, Palazzo Altemps

denreiches, spricht Orientalen wie Griechen gleichermaßen an (Abb. 53). Elegant auf einem Felsen sitzend, der den Berg Silpios darstellt, und den Fuß auf den schwimmenden Flussgott Orontes setzend, repräsentiert sie allegorisch die lokale Situation der Stadt; mit Ähren in der Hand verspricht sie Wohlstand. Die Inszenierung der Figur über einem Wasserbecken und ihre Funktion im öffentlichen Kult müssen sich zu einem starken Erlebnis verbunden haben.

In Pergamon, der Hauptstadt des Attalidenreiches, profilierten die Herrscher sich als Vorkämpfer griechischer Kultur in der Nachfolge Athens. Wirkungsvolle Monumente feierten die schwer errungenen Siege gegen die aus dem Balkan eingedrungenen Kelten, als Fundament des Anspruchs auf monarchische Herrschaft. Berühmt war ein vielfiguriges Denkmal, das die Siege selbst eindringlich vor Augen führte: Ein Keltenfürst, der auf der Flucht sein Weib getötet hat und sich selbst mit dem Schwert dem Zugriff der Sieger entzieht (Abb. 54), steht in dramatischem Gegensatz zu einem Verwundeten, der mit schwindenden Kräften über seiner nutzlos gewordenen Kriegstrompete zu Boden gesunken ist. Nachdem die Perser seit Alexander dem Großen kulturell integriert waren, wurde in den Kelten ein neues Bild eines Erzfeindes der griechischen Welt geschaffen: voll wilder Energie, mit gewaltigen Körpern und mächtig gesträubtem Haar und Bart, im Gegensatz zu dem gepflegten und kultivierten Habitus der griechischen Weltbürger.

Auf die Ebene des Mythos gehoben und mit gewaltigem Pa-

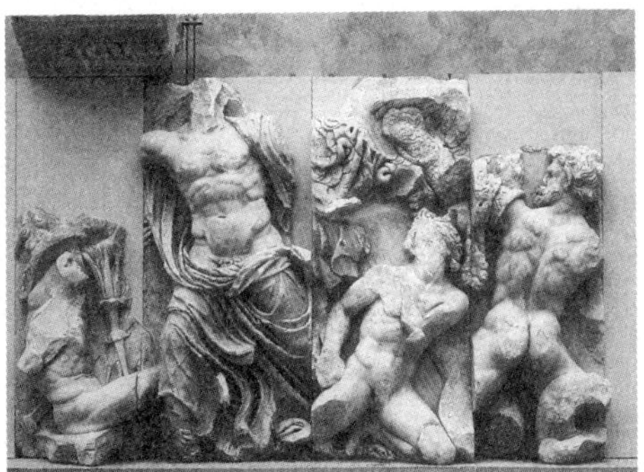

55 Kampf der Götter gegen die Giganten, Pergamon-Altar. Um 170–160 v. Chr. Berlin

thos erfüllt, wird die Ordnung der Welt an dem großen Altarbau in Pergamon in Szene gesetzt, der wahrscheinlich dem Kult des Zeus und der Athena galt. Am Sockel der riesigen Anlage kämpfen, wie seit archaischer Zeit, die Götter gegen die Giganten (Abb. 55). Hier aber ist die Zahl der alten olympischen Gottheiten durch zahllose weitere göttliche Wesen vermehrt, die die ganze Weite des Kosmos repräsentieren. In systematischer Weise sind sie um den Bau geordnet: Zeus, Athena und andere hohe Götter an der Frontseite im Osten, die Gottheiten der Nacht im Norden, die des Tages im Süden, die des Meeres im Westen, wo man den Weltstrom Okeanos lokalisierte. Die wichtigsten dieser Götter aber waren zugleich die Hauptgötter von Pergamon: Hier also waren die göttlichen

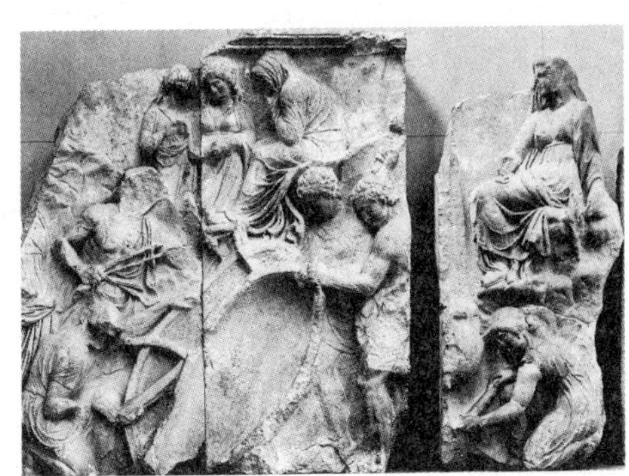

56 Bau eines Schiffes für Auge, Mutter des Telephos, Pergamon-Altar. Um 170–160 v. Chr. Berlin

Mächte zu Hause, die die Ordnung der Welt verteidigten. Die Giganten, schlangenbeinig und von urtümlicher Wildheit, verkörperten ähnliche Bedrohungen des Aufruhrs wie die Kelten: Die pergamenischen Herrscher stellten sich in die Nachfolge der Götter als Vorkämpfer der griechischen Kultur. In den muskelschwellenden Körpern und hochpathetischen Gesichtern wird dieser archegetische Kampf mit berstender Energie ausgetragen.

Diesem mythischen Kosmos war im inneren Hof des Altars ein umlaufender Fries entgegengesetzt, der die Geschichte des mythischen Stadtheros Telephos in einer zeitlich fortlaufenden Sequenz von Szenen schildert (Abb. 56). Dies früheste Beispiel der sog. kontinuierenden Darstellungsweise dient einer Bilderzählung, die die Entstehung eines Gemeinwesens als Folge von konkreten Ereignissen, Schicksalen, Handlungen und Gründungsakten von Kulten vor Augen führt. Nicht nur die Ausmaße, sondern auch die ideellen Dimensionen des Altars haben königliches Format.

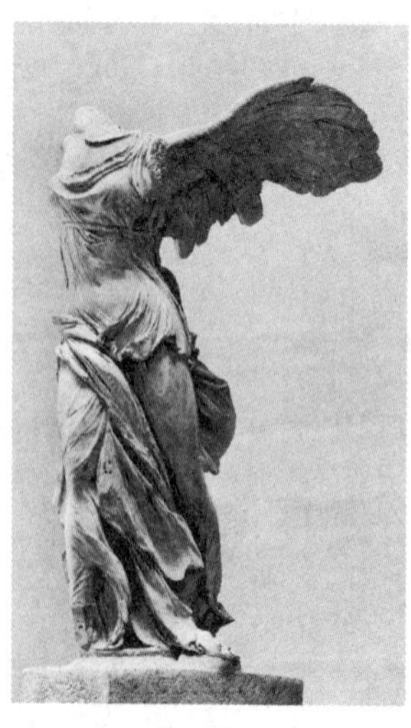

57 Nike von Samothrake. Um 190 v. Chr. Paris, Louvre

In den Palästen der Könige entwickelte sich daneben eine exklusive ‹Hofkunst›. Die Ausstattung mit Mosaiken und Skulpturen war reich, aber nur graduell gesteigert gegenüber den Wohnsitzen der Oberschicht (s. S. 119). Einzigartig waren dagegen die Schätze mit Prunkstücken aus wertvollen Steinen und Metallen. Einen Eindruck von den Reichtümern des Ptolemäerhofes gibt die ‹Tazza Farnese›, ein Gefäß aus einem einzigartig großen Onyxstein, aus dessen Schichten ein mehrfarbiges Relief geschnitten ist (Farbtaf. 4,3). Es verherrlicht den Heros Triptolemos, den Bringer des Getreidesegens, umgeben von einem allegorischen Schaubild Ägyptens als Reich des Glückes. Materieller Wert, höchste Kunstfertigkeit und exklusive Bildsprache sind in einem Werk zum Lob eines Herrschers verbunden, der die Züge des mythischen Segensbringers angenommen hat.

Die wenigen autonomen Städte außerhalb der Königreiche sind nur selten mit den Herrschern in Konkurrenz getreten. Am eindrucksvollsten ist die überlebensgroße Siegesgöttin Nike, die die Seemacht Rhodos nach einem Sieg ihrer Flotte im Heiligtum von Samothrake errichtete (Abb. 57). Sie stürmte auf einem hohen Schiffsbug voran, vor dem Hintergrund einer dramatischen Bergkulisse. Die Inszenierung von Bildwerken im landschaftlichen Ambiente erschloss in einer neuen Weise den Raum als Sphäre großartiger Wirkungen.

Die materiellen und ideellen Dimensionen der königlichen Denkmäler setzten den Maßstab für die römischen Feldherren, die seit dem 2. Jh. die griechische Welt unterwarfen, und für die Kaiser, die in vieler Hinsicht an diese Traditionen anschlossen.

3. Götterbilder: Hoheit und Lebensgenuss

Die Herrscher der hellenistischen Reiche seit Alexander dem Großen übten eine Macht über das Schicksal ihrer Völker aus, die in vieler Hinsicht der traditionellen Vorstellung von der Macht der Götter nahekam. Im Auftreten wie im Bild der Herrscher wurde die Erfahrung vermittelt, dass übermenschliche Macht auf überwältigender Energie und einzigartigem Charisma beruhte. Das hatte Folgen für das Bild der Götter selbst.

Die Götterbilder des Hellenismus bringen die Macht der Götter mit hoher physischer Eindringlichkeit zur Wirkung. Dabei werden bei den männlichen Göttern deutlich zwei Grundtypen unterschieden: mächtige Vatergötter und jugendliche Heldengötter. Offenbar ist das eine Folge Alexanders des Großen, der auf der Ebene der menschlichen Lebensordnung die Rolle des väterlichen Staatsmannes aufgegeben und die des jungen Helden gewählt hatte: Die Ideale der ‹reifen› Vernunft, Fürsorge und Macht mussten nun mit besonderem Nachdruck im Bild der Götter verkörpert werden; andererseits ergab sich ein neuer Bedarf an göttlichen Leitbildern für jugendliches Heldentum.

Zeus erscheint am Pergamon-Altar als Herrscher der Götter in der gewaltigsten Entladung körperlicher Kräfte, von Muskeln berstend, in mächtiger Bewegung die Blitze gegen nicht weniger als drei Giganten schleudernd (Abb. 55). Die Dynamik seiner Gestalt durchdringt das ganze Geschehen: Die von ihm ausgesandten Adler haben das äußerste Ende des kosmischen Kampfes erreicht. In einer solchen Darstellung konnten sogar die stoischen Philosophen ihr Konzept von Zeus als Allgott und Verkörperung der göttlichen Vernunft wiedererkennen; in der Sicht der normalen Betrachter aber zeigte sich hier die konkrete Gewalt des Göttermythos.

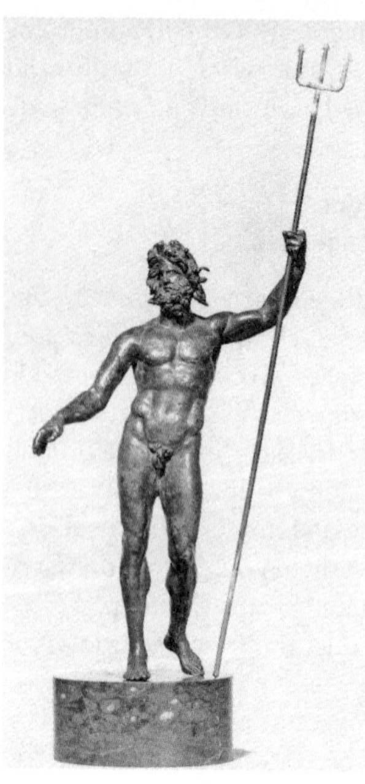

58 Statuette des Poseidon. 2. Jh. v. Chr. München

Andere Götter entfalten den Typus des ‹Vaters› in verschiedene Richtungen. Poseidon, Gott des wilden Meeres, stieg für die königlichen Anführer von Kriegsflotten wie für die Handelsherren und die privaten Reisenden zu neuer Bedeutung auf: Eine Statuette zeigt ihn in mächtiger Pose, das Haar vom Wind zerzaust, wie er den Naturgewalten Einhalt gebietet (Abb. 58). In aufschlussreicher Weise wird der Bedarf nach einer Vatergottheit in Alexandria, der neuen Hauptstadt des Ptolemäerreiches auf dem Boden des pharaonischen Ägypten, deutlich. Hier wurde zur Integration der neu angesiedelten griechischen Bevölkerung in die einheimischen Traditionen der ägyptische Gott Osiris-Apis unter dem gräzisierten Namen Serapis als zentraler Staatsgott eingeführt. Der Gott war in rein griechischen Formen dargestellt: mit vollem Bart und Haar, majestätisch thronend, mit Szepter, wahrscheinlich auch mit dem Höllenhund Kerberos, als Herrscher über Leben und Tod.

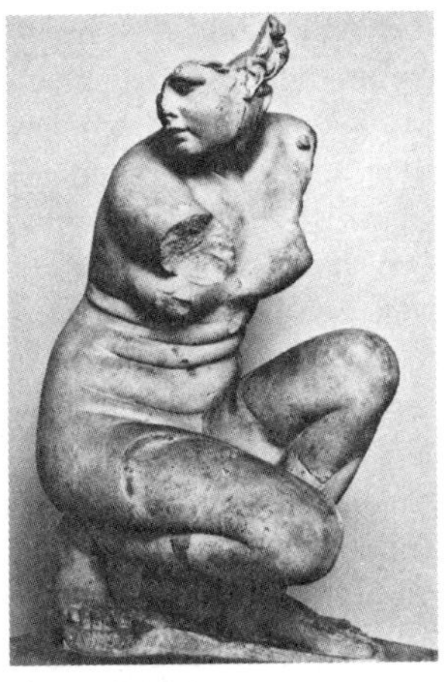

59 Aphrodite, zum Bad kauernd (Kopie). 3. Jh. v. Chr. Rom, Palazzo Massimo

Unter den jugendlichen Göttern nimmt Dionysos im Hellenismus eine führende Rolle ein. Die Herrscher erkoren ihn zum Archegeten eines Lebensstils in Üppigkeit und Schwelgerei (*tryphé*), den sie selbst öffentlich vorlebten und zum – oft sicher fernen – Ideal für die Untertanen erhoben. Das Spektrum der bildlichen Darstellungen des Gottes ist groß; besonders verbreitet waren Figuren mit sinnlich weichen Körperformen, langem lockigem Haar und schwelgerisch versonnenem Blick: ein feminisiertes Ideal, das nicht so sehr ein konkretes Vorbild männlicher Tugenden, sondern ein überwirkliches Traumbild des Glücks darstellte.

Das weibliche Gegenstück dazu war Aphrodite, an deren zahlreichen Figuren die Formen und Bewegungen des nackten Körpers durchgespielt wurden, der in der Lebenswelt in kunstvoll drapierten Gewändern verhüllt blieb (Abb. 65). Am erstaunlichsten ist eine berühmte Aphrodite, die sich zum Bad gekauert hat, den Kopf unwillkürlich herumwendet und mit den Armen Brust und Scham bedeckt (Abb. 59). Die emphatische Haltung des Verdeckens und die gleichwohl sich öffnenden üppigen Formen von Brust und Bauch heben sich gegenseitig zu nahsichtiger, realistischer Präsenz. Die Wechselwirkung zwischen Betrachter und Bild ist unmittelbar: als hätte er die Göttin selbst überrascht und als reagiere sie ebenso überrascht auf ihn.

Das beiderseitige Erschrecken ist aber nicht nur eine ästhetische Pointe, sondern hat auch religiöse Bedeutung: Es scheint die Absicht solcher Bilder gewesen zu sein, die Gottheit entgegen allen ‹modernen› Zweifeln an der Existenz der Götter in physischer Anwesenheit erfahrbar zu machen.

Wieweit solche Bildwerke als Kultbilder in Tempeln dienten oder als Weihgeschenke in Heiligtümern aufgestellt waren, ist oft nicht zu entscheiden. Für besonders repräsentative Kultbilder stellten allerdings oft die großen Götterbilder der Klassik den Maßstab dar: Die Statue der Athena im Haupttempel von Priene war nach dem Vorbild der Athena Parthenos, die des Zeus im Tempel von Antiochia, errichtet von Antiochos IV., im Anschluss an das Kultbild in Olympia gestaltet. In Griechenland hat der Bildhauer Damophon von Messene Berühmtheit für Kultbilder in ‹klassischer› Majestät erlangt. Teilweise erhalten ist von ihm eine Gruppe von altertümlichem Kultcharakter in dem abgelegenen Heiligtum von Lykosura: Demeter und ihre Tochter Despoina feierlich thronend, gerahmt von stehenden Figuren der Artemis und des lokalen Heros Anytos. Wie auch anderswo in hellenistischer Zeit sind die kolossalen Bildwerke in einer kleinen Tempelcella dem eintretenden Betrachter in überwältigender Größe nahegebracht. Vor allem die Köpfe der Göttinnen erreichen ihre Wirkung in der Aufnahme von Formen des 5. und 4. Jh.; damit wird nicht so sehr Rückwendung in eine klassische Vergangenheit, sondern eine für den Kult verbindliche Erscheinungsform der Götter angestrebt.

Es waren diese autoritativen Formen, die seit dieser Zeit von griechischen Bildhauern auch in Rom und Italien für die Götterbilder der neu aufstrebenden politischen Macht eingesetzt wurden.

4. Mythenbilder: Schicksal und Pathos

Wie die Götter, so fanden die traditionellen Mythen in hellenistischer Zeit eine Belebung in großplastischen Bildwerken von eindrucksvoller pathetischer Wirkung. An welchen Orten die zahlreichen Skulpturengruppen der troianischen Helden und

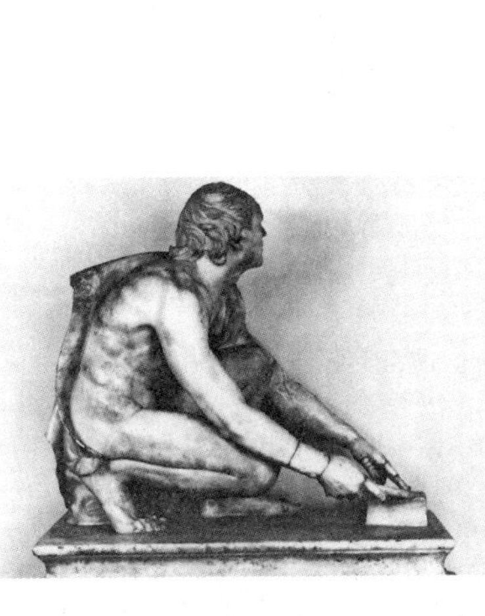

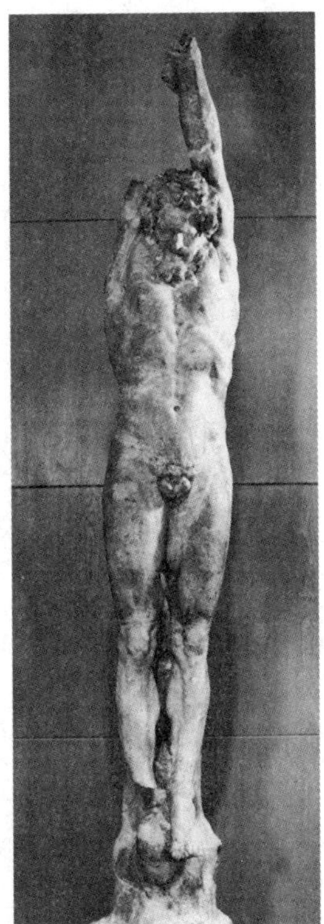

60 a, b Marsyas und Skythe (Kopie). Um 200 v. Chr. Karlsruhe (Marsyas) und Florenz (Skythe)

anderer Heroen der Vorzeit aufgestellt waren, ist nicht mehr zu erkennen; wahrscheinlich waren sie Weihgeschenke in Heiligtümern, jedenfalls müssen sie öffentliche Bedeutung gehabt haben. Gerade angesichts dieses traditionellen Charakters aber fällt eine grundsätzliche Verschiebung der Sinngebung auf: In archaischer und klassischer Zeit hatten die öffentlichen Bilder der Mythen, die Kämpfe der Götter gegen die Giganten wie auch der menschlichen Helden gegen Frevel und Bedrohung, zumeist Vorbilder ethischen Handelns und Verhaltens dargestellt. Die hellenistischen Mythenbilder dagegen führen dramatische Beispiele großer Schicksale vor Augen.

Der Mythos von dem Silen Marsyas, der Apollon zum musi-

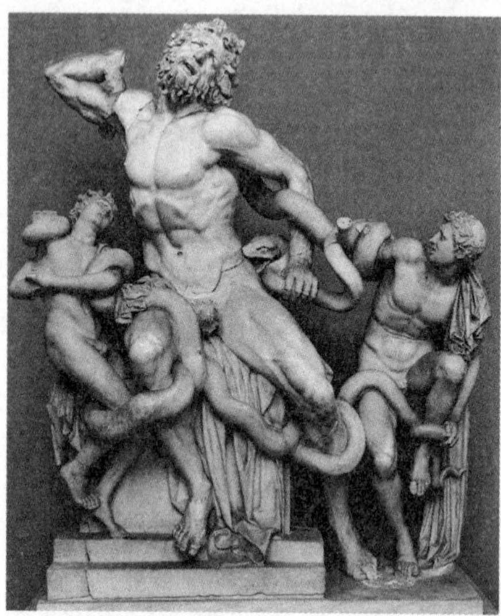

61 Laokoon und seine Söhne (Kopie nach Werk des 2. Jh. v. Chr.?). 1. Jh. v. Chr. Vatikan

kalischen Wettkampf herausgefordert hatte und dafür mit dem Tod durch Abziehen der Haut bestraft wurde, erhielt im Hellenismus eine neue Form von krasser Brutalität (Abb. 60 a, b). Marsyas ist an einem Baum aufgehängt, seine Knochen, Muskeln und Haut sind in extremem Realismus herausgetrieben; vor ihm kauert ein Skythe, das Messer schleifend und das Barbarengesicht mitleidlos auf das Opfer gerichtet, an dem er im Dienst des Gottes sein Folterwerk vollziehen wird. Apollon selbst ist abwesend: Das alte ethische Lehrstück von göttlicher Größe und bestraftem Frevel ist umgeformt zu einem Drama von Ausgesetztheit und Leid.

Kein Bildwerk stellt dies eindringlicher vor Augen als die Gruppe des Laokoon (Abb. 61). Die nicht endenden wissenschaftlichen Kontroversen über dies Werk der drei Bildhauer Hagesandros, Polydoros und Athanadoros aus Rhodos, das im Palast des Kaisers Titus in Rom stand, aber wohl schon im 1. Jh. v. Chr. für einen unbekannten Kontext gearbeitet wurde, sollten nicht den Blick für seine unmittelbare Wirkung verstellen. Über den Tod des troianischen Priesters gab es verschiedene Versionen, darunter vor allem die: Er habe davor gewarnt, das Hölzerne Pferd in die Stadt zu ziehen, sei darauf zusammen mit seinen beiden Söhnen von zwei Schlangen getötet worden, worauf der Untergang Troias seinen Lauf nahm. Die Begründung des Todes tritt jedoch in den Hintergrund gegenüber dem Pathos des Vorgangs selbst. Die Schlangen sind keine strafenden oder rächenden Kontrahenten, sondern wesenlose Agenten der Verstrickung, der Bedrohung und des Todes; die drei Opfer stellen sich darum als reine Verkörperungen von Leiden und Qualen dar. Körper und Glieder Laokoons sind mit herausgetriebenen Knochen und Muskeln ein symbolisches Kraftfeld des Todeskampfes, sein Gesicht ist zu einer Landschaft des Leidens versteinert.

In solchen Werken erscheinen die Mythen in einer eigentümlichen Ambivalenz von Distanz und Nähe. Einerseits sind die Gestalten nicht mehr im unmittelbaren Sinn ideale Vor- oder Gegenbilder für die gegenwärtigen Betrachter, sie werden zum dramatischen Schauspiel des Schicksals und Leidens in einer ‹anderen Welt›. Andererseits werden diese Schaubilder in einer krassen Nahsicht zu stärkster psychagogischer Präsenz gebracht, die den Betrachter in unmittelbarer Wirkung mit den Mythen konfrontiert. Die Bilder fordern kein Urteil über Gut und Böse, keine Identifizierung mit Leitbildern und Normen, sondern evozieren – ohne christliche Obertöne – Mitleiden in einem unmittelbaren emotionalen Sinn.

5. Menschenbilder: Divergierende Rollen

Eine entscheidende kultursoziologische Veränderung im Zeitalter des Hellenismus führte dazu, dass das relativ homogene Menschenbild der Klassik sich in stark divergierende Bildkonzepte auflöste. Hatten in klassischer Zeit die Bilder von Herrschern, Staatsmännern, Bürgern, Philosophen und Dichtern noch nah beieinandergelegen, so standen jetzt unterschiedliche Auffassungen oft krass nebeneinander. Das ist nicht nur ein Phänomen der Bildkunst, sondern Ausdruck von zentrifugalen gesellschaftlichen Rollen und Leitbildern.

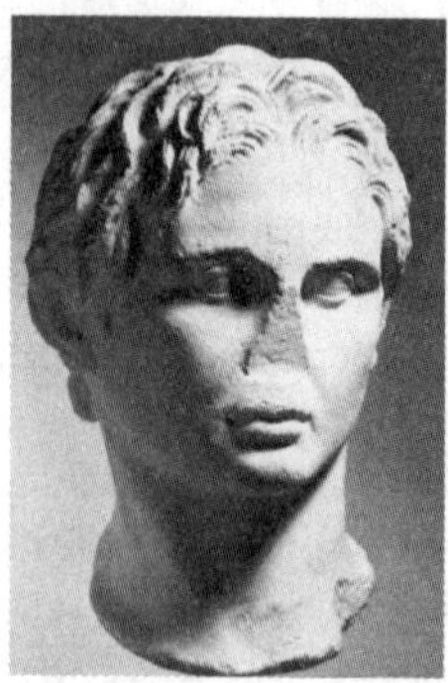

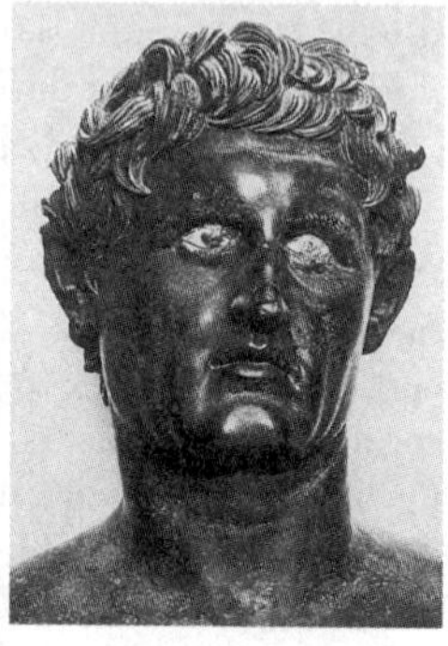

62 Alexander der Große (Kopie). Um 330 v. Chr. München (Gipsabguss)
63 Seleukos I. von Syrien (Kopie). Um 300 v. Chr. Neapel

Herrscher. Das Bildnis Alexanders des Großen war eine Sensation. Seit Jahrhunderten, bis zu seinem eigenen Vater Philipp II., waren Herrscher und Staatsmänner in der Würde und Autorität einer väterlichen Gestalt erschienen (Abb. 44, 45) – hier trat plötzlich ein König als jugendlicher Held auf, bartlos und mit langen Locken von anspruchsvoller Schönheit (Abb. 62). Die aufspringenden Haare über der Stirn sah man als Zeichen löwenhaften Mutes, in den Augen bewunderte man eine beseelte Emotion, und die prononcierte Wendung des Kopfes gab dem Blick eine energische Ausrichtung in die Ferne. In den Bildnissen ist das überwältigende Charisma verkörpert, mit dem Alexander die Welt veränderte.

Die Herrscher der hellenistischen Zeit verehrten Alexander als strahlendes Herrscherideal – aber folgten seinem Bild nur partiell. Sein einzigartiges Heldentum war nicht wiederholbar, und die Gründung und Beherrschung großer Reiche erforderte andere Qualitäten als seine kometenhafte Epiphanie: machtvolle Präsenz und wirkungsvolle Ausübung der Herrschaft. Sie wurden in allen Dynastien ähnlich zum Ausdruck gebracht, mit realistischen Zügen, dynamischer Anspannung und oft hohem Pathos in einer Physiognomie fortgeschrittenen Alters, wie etwa bei Seleukos I. (Abb. 63).

Bürger. Bildnisstatuen hochrangiger Bürger und Frauen bevölkerten in großen Zahlen die öffentlichen Plätze und Gebäude ebenso wie die Heiligtümer der Städte. Männer präsentieren

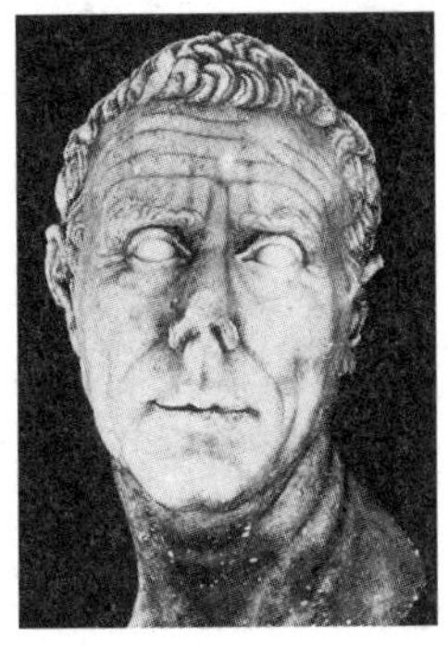

64 Unbekannter. Um 100 v. Chr. Delos

sich in einem relativ einheitlichen bürgerlichen Habitus des kontrollierten Auftretens, bartlos und im schlichten Manteltuch; auch die Köpfe setzen zunächst kaum individuelle Akzente. Eine neue Situation ergab sich dagegen offenbar auf Delos, das seit der Erhebung zum Freihafen durch Rom (166 v. Chr.) ein Treffpunkt sehr verschiedenartiger kultureller Gruppen wurde. Hier sind Altersporträts von starkem Realismus erhalten, die zwar nicht bestimmten Volksgruppen zugewiesen werden können, aber es ist vermutet worden, dass unter diesen die harten Physiognomien mit dynamischen Alterszügen Militärs und Handelsleute aus Rom und Italien darstellen (Abb. 64).

Auffallend häufig sind Standbilder von Frauen, die vor allem als Priesterinnen und öffentliche Wohltäterinnen Ehrungen auf sich zogen (Abb. 65). Diese Gewandstatuen stellen ein normativ-ehrbares Frauenbild vor Augen. Frauen wie Männer verkörpern, deutlich unterhalb der Dynamik des Herrscherbildes, wenig individuelle Typen bürgerlicher Vornehmheit.

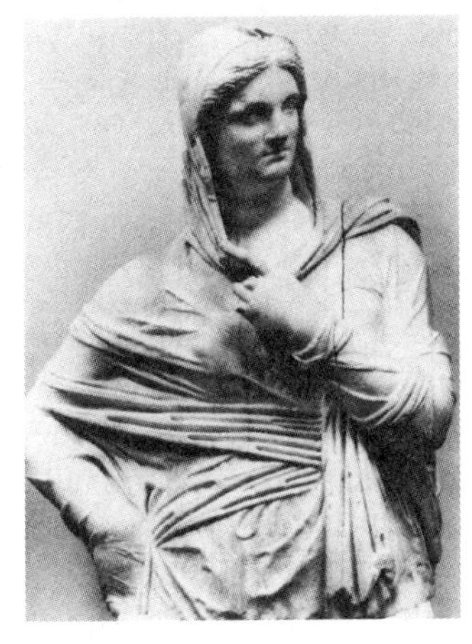

65 Vornehme Bürgerin. Um 150 v. Chr. Rhodos

Die in klassischer Zeit entstandene Praxis, verdiente Männer mit öffentlichen Bildnisstatuen zu ehren oder auch der eigenen Person durch ein Bildnis öffentliche Präsenz zu verschaffen, wurde im Hellenismus weit ausgedehnt. Dabei wurden deutliche Hierarchien geschaffen, mit privilegierten Plätzen von guter Sichtbarkeit für Herrscher und herausragende Würdenträger. Insgesamt aber stellten die Standbilder in eher monotoner Weise eine Gemeinschaft von Verhaltensmustern dar, zwischen denen die städtische Gesellschaft sich bewegte und an denen sie ihr eigenes Verhalten orientieren sollte.

Philosophen und Dichter. Einen völlig anderen gesellschaftlichen Habitus machten die Philosophen in ihrem öffentlichen Auftreten wie in ihren Bildnissen deutlich. Schon durch den vollen Bart scharf vom bürgerlichen Normaltypus unterschieden, brachten viele darüber hinaus in ihren Physiognomien die Art des philosophischen Denkens ihrer ‹Schule› zum Ausdruck. Eklatant ist das bei den Bildnissen der stoischen Philosophen. Zenon, der Schulgründer, erscheint mit ausgemergelten Zügen und scharf kontrahierter Stirn, in höchster Anstrengung auf die gedankliche Arbeit konzentriert (Abb. 66). Philosophie war ein Habitus, der im Auftreten wie im Bild zur Geltung gebracht wurde. Wegen ihrer großen öffentlichen Wirkung, bis hin zu den Königen, konnten die Stoiker sogar Ehrenstatuen auf der Agora von Athen bekommen, wo sie sich markant von den Bildnissen der Staatsmänner absetzten. In anderen Fällen wurden Bildnisse von Philosophen, wie in klassischer Zeit, vielfach nach ihrem Tod an ihren Wirkungsstätten als Schulhäupter errichtet. Besonders feierlich muss die Situation im ‹Garten› des Epikur gewesen sein, wo sein Bildnis, auf einem Thron sitzend und von den Bildnissen zweier Schüler umgeben, der Verehrung des Meisters diente.

Ganz anders präsentieren sich die Bildnisse der Dichter, die nicht nur gegenwärtige Literaten darstellten, sondern auch die großen archaischen Begründer der Dichtkunst neu vorstellten. Der Komödiendichter Menander wurde im Theater von Athen mit einem Bildnis geehrt (Abb. 67). Es stellte ihn im elegant umgeworfenen Manteltuch auf einem bequemen Lehnstuhl sitzend dar, als Mann jener vornehmen und luxuriösen Bürgerwelt, in der er seine Sujets lokalisierte. Im Gesicht, nach der neuen Mode rasiert, mit locker geschwungenen Haarsträhnen über der Stirn, liegt die gepflegte Urbanität des beginnenden Hellenismus.

Weit über diese gesellschaftliche Welt erhaben ist das Bildnis

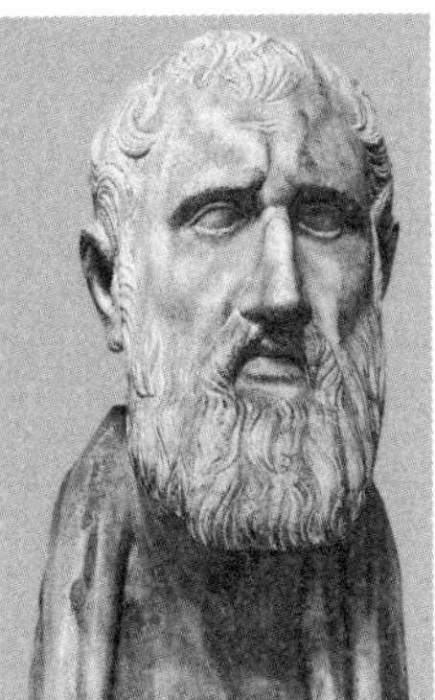
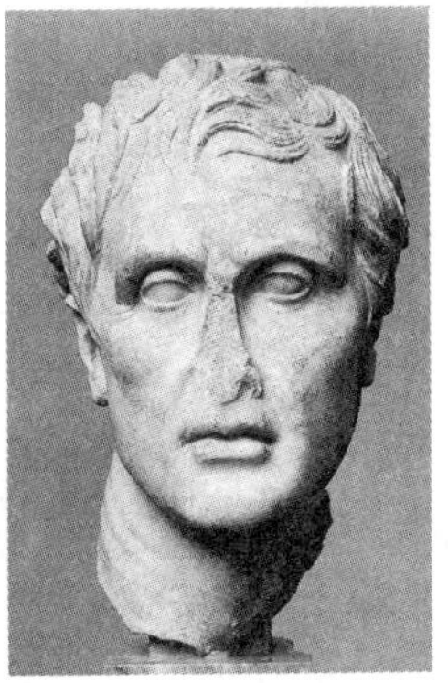
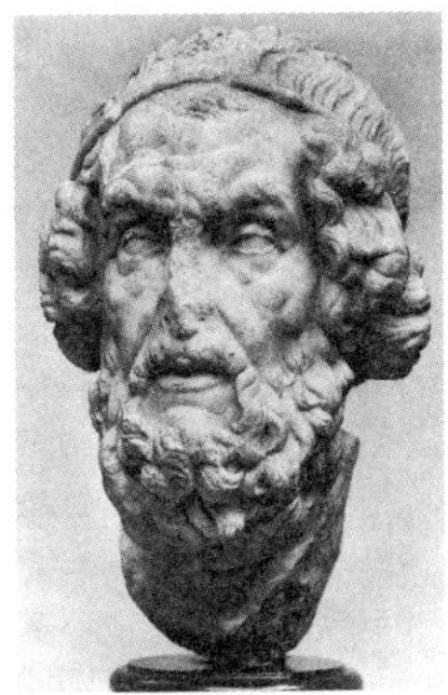

66 Zenon, stoischer Philosoph. Um 260 v. Chr. Neapel
67 Menander, Komödiendichter. 300–290 v. Chr. Kopenhagen
68 Homer. 2. Jh. v. Chr. Boston

Homers. Viele Städte stritten sich darum, seine Heimat zu sein, in Alexandria, Smyrna und vielen anderen Orten verehrte man ihn in Heiligtümern. Der hellenistische Homer ist eine Vision göttlichen Dichtertums (Abb. 68): ein uralter Greis, mit erloschenen Augen, in sich hinein sehend und horchend, die mythische Vorzeit vor dem inneren Blick heraufführend und die Erregung der dichterischen Schau auf der zuckend bewegten Stirn wiederholend.

Der eher eintönigen Repräsentation von Exponenten der bürgerlichen Oberschichten wird in den Bildnissen der Herrscher einerseits und der Philosophen und Dichter andererseits eine Vielzahl extremer Entwürfe des Menschenbildes entgegengestellt. Zu diesen Repräsentanten der eigenen politischen und kulturellen Welt standen andere Bilder in krassem Gegensatz: die Gestalten der heruntergekommenen Unterschichten (s. S. 115 f.) und der barbarischen Feinde (s. S. 100). Beide Gruppen stellten Gegenwelten zur eigenen griechischen Kultur dar, deren Werte sie im Kontrast bestätigten. Die gegensätzlichen Bilder müssen vielfach in denselben Räumen, vor allem Heiligtümern, unmittelbar nebeneinander gestanden und die Betrachter zu pointierten Reflexionen aufgefordert haben.

6. Ambiente als Bild

Eine zukunftsweisende neue Dimension gewann die Bildkunst im Hellenismus durch einen veränderten Bezug zu den Räumen, in denen die Werke aufgestellt wurden. Die Nike von Samothrake zeigt die großartigen Möglichkeiten der visuellen Inszenierung von Bildwerken in der Landschaft (s. S. 102 f.). Das Phänomen hat aber vor allem auch eine inhaltliche Seite.

Ambientales Genre. Das sog. Mädchen von Antium gibt eine junge Kultdienerin wieder, die auf einem Tablett sakrale Gegenstände trägt (Abb. 69). Sie ist in bemerkenswert unrepräsentativer Weise dargestellt: Das Untergewand ist ihr reizvoll von der Schulter geglitten, der am Boden schleifende Stoff ist über dem vortretenden Bein hochgezogen, um das Schreiten zu ermöglichen, ein dickes Manteltuch ist derb um die Hüfte geschlungen. Den Kopf, mit nachlässig über der Stirn verknoteten Haaren, hat sie konzentriert und besinnlich auf das Tablett gesenkt. Verglichen mit den zahllosen Standbildern von Frauen in fein gewebten, sorgfältig drapierten Gewändern, mit klassisch gescheitelten Frisuren, die in der Mehrzahl vornehme Priesterinnen darstellen (Abb. 65), kann dies keine Person von Rang sein. Ihre momentane Bewegung und die Abwendung des Blickes unterscheiden sie deutlich von jenen öffentlichen Ehrenstatuen. Sie ist eine dienende Figur des Kultes, die wohl in einem Heiligtum aufgestellt war, in der unbewussten Anmut ihres selbstgenügsamen Auftretens. Der griffige Realismus von Haut, Haar und Kleiderstoffen verstärkt die Unmittelbarkeit der

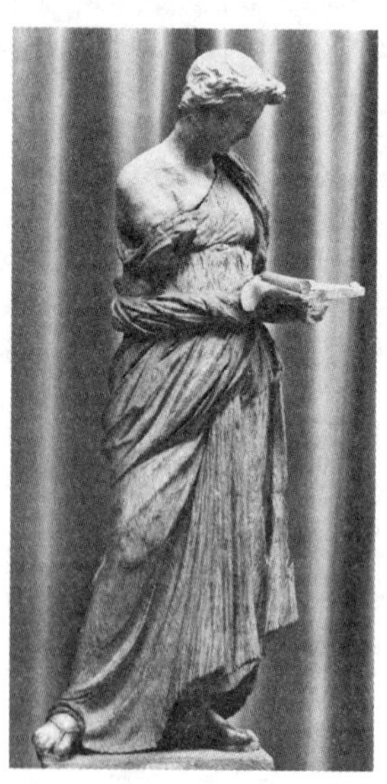

69 Kultdienerin, sog. Mädchen von Antium. 2. Hälfte 3. Jh. v. Chr. Rom, Palazzo Massimo

Wirkung. Das Werk wird ein Weihgeschenk an die Gottheit gewesen sein, es entfernt sich aber weit von den traditionellen Intentionen dieser Gattung.

Frühere statuarische Denkmäler hatten in aller Regel Gestalten und Themen dargestellt, die Leitbilder und Wertvorstellungen der Stifter verkörperten. Bilder von Menschen ehrten bestimmte Personen oder deren soziale Gruppe in Bildern, die rühmend deren exemplarische Tugenden und Leistungen vor Augen führten. Die Betrachter sollten sich mit diesen Leitbildern identifizieren. Dieser Rahmen ist in dem Mädchen von Antium gesprengt: Das Bild zeichnet keine Person als Leitbild aus, es charakterisiert vielmehr den Raum der Aufstellung als sakrales Ambiente.

‹Ambientale Kunst› muss in der Zeit des Hellenismus verbreitet gewesen sein. Neuartige Gruppenkompositionen zeigen Kämpfer im Pankration, dem Ringkampf mit allen Mitteln, am Boden zu einem dichten Knäuel verstrickt, aus dem die Körper sich in divergierende Richtungen öffnen. Auch solche Bildwerke können kaum Ehrenbildnisse für siegreiche Wettkämpfer sein; sie werden in – vielleicht sakralen – Wettkampfstätten als ambientale Charakterisierung gestiftet worden sein. Geradezu schockierende Wirkung muss von Werken ausgegangen sein, die mit schonungslosem Realismus Gestalten der untersten sozialen Schichten darstellen. Die ‹Trunkene Alte› führt ein Bild des extremen körperlichen Verfalls in einer Situation völliger Haltlosigkeit vor Augen (Abb. 70): Eine alte Frau mit ausgezehrtem Körper hockt volltrunken am Boden, im Schoß ihre Weinflasche umklammernd, und streckt das hässliche Gesicht mit lallend geöffnetem Mund selbst-

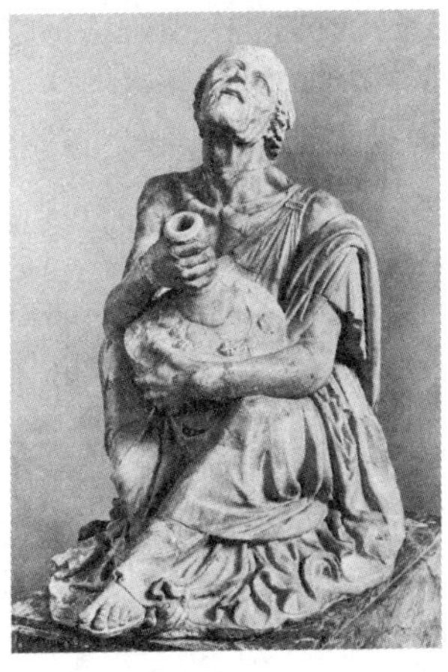

70 Trunkene Alte. 2. Hälfte 3. Jh. v. Chr. München

vergessen zum Betrachter empor. Aufschreckend ist der Kontrast zu ihrer äußeren Aufmachung, die erkennen lässt, dass sie bessere Tage gesehen hat: vornehmer Schmuck, ein drapiertes Kopftuch über sorgfältig gewellten Haaren und aufwendig genähte, stoffreiche Kleidung, die in grotesker Erotik von der knochigen Schulter geglitten ist. Man kann sich die Figur als Weihgeschenk in einem Heiligtum des Dionysos aufgestellt denken, wo bei den großen Festen tatsächlich auch die Ärmsten nicht unwillkommen waren. Insofern bezeugt auch sie die Macht des Gottes – aber in keinem Fall kann sie in ihrer Herabgekommenheit ein Modell der Identifikation für die Stifter darstellen, sondern nur eine Figur der sakralen ‹Umwelt›, auf die der Besucher des Heiligtums unversehens stieß, als sei sie dort tatsächlich im Trubel des Festes zu Boden gegangen. Ähnlich erscheinen andere Gestalten der ärmlichsten Bevölkerung in die Atmosphäre des Heiligtums eingebunden: ausgemergelte Fischer in spärlicher Bekleidung, die mühsam in einem Korb die Beute ihrer Angel herbeischleppen; alte Hirten und Bäuerinnen, die ein Tier oder Früchte zum Fest beitragen. Sie alle sind eine soziale Gegenwelt der Vornehmen, die als Stifter der Bildwerke auftraten und ihren eigenen gehobenen Lebensstil vor dem Hintergrund derer inszenierten, die doch auch zu dieser Lebenswelt gehörten. Der krasse Realismus, mit dem diese Gestalten ‹zum Greifen nah› präsentiert wurden, machte den Kontrast zu einem physischen Erlebnis.

Dionysische Welten. ‹Ambientale› Erhöhung in eine überwirkliche Welt des Glücks wurde mit Figuren mythischen Charakters angestrebt. Ein ländliches Heiligtum in einem idyllischen Tal nahe der Stadt Rhodos kann einen Eindruck geben, wie Bildwerke in einer naturhaften Umgebung inszeniert wurden: Felsgrotten mit Bänken für angenehmen Aufenthalt waren mit Nischen ausgestattet, in denen mit Statuetten eine entsprechend idyllische Bilderwelt installiert gewesen sein muss.

Unter den erhaltenen Bildwerken sind es vor allem solche aus dem Kreis um Dionysos, die eine Aufstellung in gestalteter Natur nahelegen. Der sog. Barberinische Faun stellt einen Satyr dar, der sich in trunkenem Schlaf auf einen Felsen fläzt und sei-

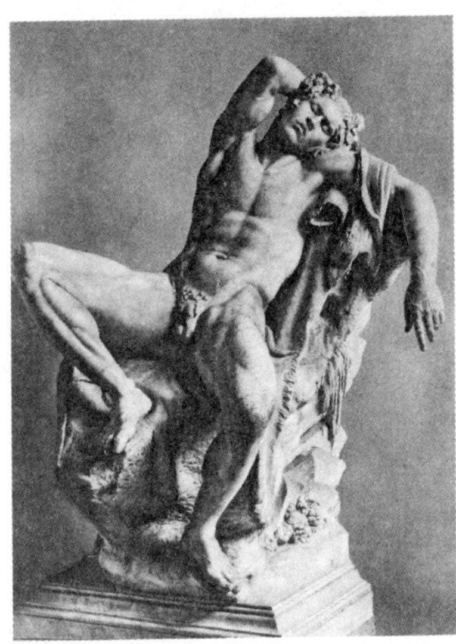

71 Schlafender Satyr, sog. Barberinischer Faun. 2. Hälfte 3. Jh. v. Chr. München

nen Körper in bedrängender physischer Nahsicht präsentiert (Abb. 71). Der naturhaft behauene Felsensitz würde sich gut in ein natürliches Ambiente einfügen. Ähnliche Aufstellung kann für eine größere Zahl von sinnenfrohen Gruppenskulpturen vermutet werden: tanzende Satyrn, kapriziöse Nymphen und so fort. Nicht zuletzt konnten dionysische Figurengruppen in drastischen Motiven von Zudringlichkeit und Abwehr die sexuelle Phantasie stimulieren. Der Betrachter, dem dies Treiben durch kulturelle Schranken verschlossen war, wurde zwischen den sinnlichen Bildern zum Teilnehmer einer fiktiven Traumwelt.

7. Wohnhäuser: Die Entdeckung der Privatsphäre

Eine Entwicklung von großer Tragweite, die bereits in der späteren klassischen Zeit einsetzte, in hellenistischer Zeit aber ganz zum Durchbruch kam, war die Ausstattung privater Wohnsitze mit Bildwerken. Die Grundlage dafür war eine neue Bewertung, nahezu eine ‹Entdeckung› des Privatbereichs als kultureller Raum.

In früheren Epochen hatten vornehme Wohnsitze ein reiches Inventar an Geräten und Gefäßen, aus Metall und Ton, oft mit figürlichem Schmuck. Deren Funktionen und Bildthemen waren vor allem auf die ‹öffentlichen› Aspekte des Hauses ausgerichtet, insbesondere das Symposion mit den Standesgenossen. Eine Ausstattung des Hauses als solchen wurde offenbar erst seit den Jahrzehnten um 400 v. Chr. angestrebt. Es ist die Zeit, in der in der Religion wie in der öffentlichen und privaten Bildkunst die Welten der Aphrodite und des Dionysos als Sphären persönlicher Glücksvorstellungen in den Vordergrund traten. Gleichzeitig begannen vornehme Bürger, ihre privaten Wohnsitze komfortabler auszubauen. Die bisher starke Konzentration der Gesellschaft auf den Bereich des öffentlichen Lebens wurde mehr und mehr durch neue Formen und Räume des privaten Lebens aufgewogen.

Erstmals berichten Schriftquellen für das Ende des 5. Jh., dass berühmte Maler vornehme Wohnsitze ausschmückten: Der Bühnenmaler Agatharchos soll das Haus des Alkibiades, der berühmte Zeuxis den Palast des Königs Archelaos von Makedonien ausgemalt haben. Erhalten sind Häuser des 4. Jh., vor allem in den nordgriechischen Städten Olynth und Pella, in denen vornehme Räume mit Bodenmosaiken ausgeschmückt waren. Die Bildmotive waren zumeist auf den Charakter der Räume zugeschnitten, vor allem auf die Funktion für das Gelage, das jetzt vielfach privateren Charakter annahm. Im Vordergrund stand die Welt des Dionysos und seines Gefolges von Satyrn, Kentauren und anderen mythischen Wesen. Durch die feste Installation auf dem Boden, im Zentrum der Gelagebetten, bestimmten sie die Atmosphäre des ganzen Raumes.

Hinzu kam die Ausschmückung der privaten Wohnbereiche mit rundplastischen Bildwerken, zunächst in kleinem Format, meist aus Terrakotta, bisweilen aus Bronze, dann zunehmend in größeren Maßen aus Stein. Im Vordergrund stehen Figuren der Aphrodite, der Musen und verwandter Wesen, die dem Haus als dem Bereich der Frau zugeordnet wurden. Aufgestellt auf Wandgesimsen, Tischen und anderen Möbeln, vermittelten sie dem Raum eine allgemeine Atmosphäre von Frömmigkeit und

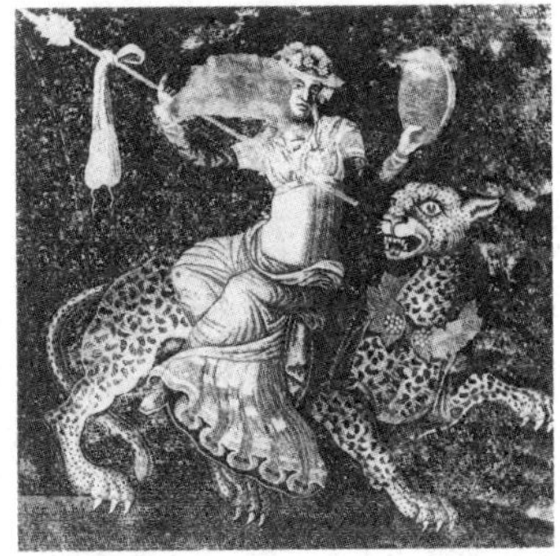

72 Mosaik mit Dionysos. 2. Hälfte 2. Jh. v. Chr. Delos

Kunst. Ergänzt wurden solche Bildwerke von Gefäßen mit reichem Reliefdekor, die vor allem in Gräbern erhalten geblieben sind, aber ähnlich in vornehmen Wohnhäusern zum Schmuck und festlichen Gebrauch dienten (Farbtaf. 3,4).

In hellenistischer Zeit wurden die Königsresidenzen zum Leitbild. Im Palastkomplex von Pergamon war ein Sakralraum, wohl für Dionysos, mit exquisiten Mosaiken aus dem Bereich des Gottes geschmückt. Erhalten sind Marmorstatuen von prachtvoll gekleideten Tänzerinnen und einer Trägerin eines Prunkgefäßes. Die Bildwerke statteten die Räumlichkeiten mit einem Festpersonal aus Stein aus, das einen artifiziellen Rahmen für die realen Festlichkeiten des Hofes darstellte. Besonders wertvoll war eine Gruppe der Chariten, Göttinnen des Liebreizes, von dem archaischen Bildhauer Boupalos, die das königliche Schlafgemach schmückte. Alle diese Werke waren nicht als Kunstwerke in einem Palastmuseum ausgestellt, sondern hatten einen inhaltlichen Bezug zu ihrem Ort.

Am weitesten fortgeschritten war die Bildkultur im 2.–1. Jh. auf Delos. In den Privathäusern wurden Mosaiken von zum Teil superber Qualität verlegt; Dionysos spielt weiterhin eine triumphale Rolle (Abb. 72). Hinzu kam immer reicherer Skulpturenschmuck. Hermes-Pfeiler gaben religiösen Schutz an Ein- und Durchgängen. Die Höfe konnten als Zonen des Draußen ausgestattet werden: Eine Nische mit der Statuette einer Nymphe bei einem Becken mit plätscherndem Wasser suggerierte einen idyllischen Ort; eine Statue der Artemis, die einen Hirsch tötet, machte einen Hof fiktiv zur mythischen Natur (Abb. 73). Werke berühmter Bildhauer, als Original oder in Kopie (Abb. 74), erfüllten ästhetische Ansprüche.

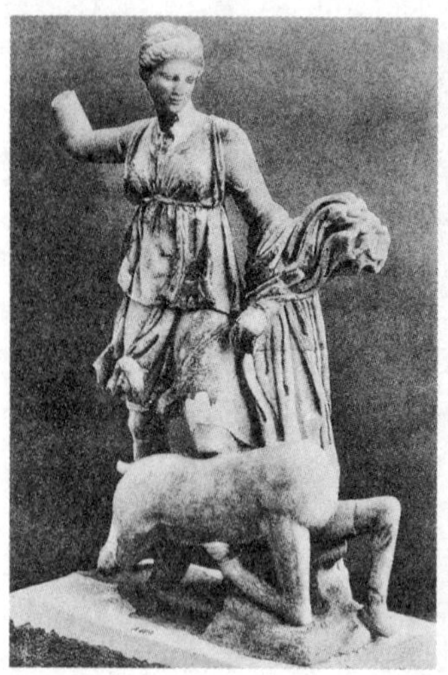

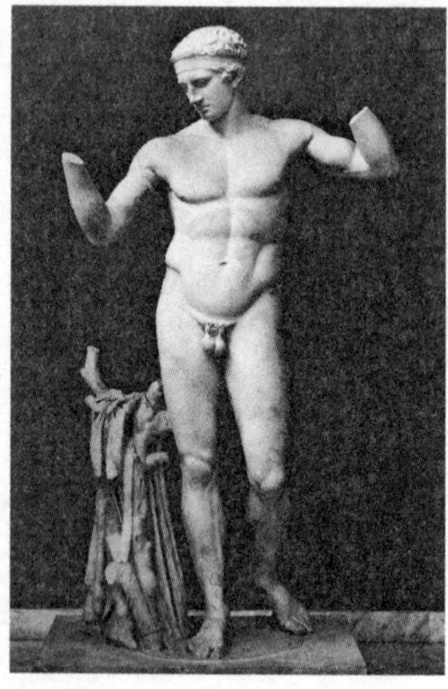

73 Artemis mit Hirsch. 2.–1. Jh. v. Chr. Delos
74 Diadumenos (junger Mann eine Binde anlegend). Kopie um 100 v. Chr. nach Werk des Polyklet. Athen, National-Museum

Bei der Aufwertung des Wohnbereichs kam den Bildwerken große Bedeutung zu: Sie vermittelten göttlichen Schutz, repräsentativen Status und eine Atmosphäre privater Lebensfreude.

8. Formensprache, Menschenbild und Künstlertum

Divergente Formen, Realismus und Unmittelbarkeit. Die Bilderwelt des Hellenismus zeichnet sich gegenüber den vorausgehenden Epochen durch eine ungleich größere Divergenz der Themen, Formen und kulturellen Leitvorstellungen aus. Götter und Menschen, Mythos und Gegenwart, Staatsmänner, Bürger und Unterschichten hatten bisher im Bild relativ nahe beieinandergelegen – die hellenistische Kunst hat alle Gestalten und Themen zu extremer Eigenart gesteigert: Hoheit der Vatergötter, sinnliche Schönheit von Aphrodite und Dionysos, derbe Körperlichkeit der Satyrn, dynamische Macht der Herrscher, normative Selbstkontrolle der Bürger und Bürgerinnen, denkerische Kraft der Philosophen, physische Missbildung und Verfall der Unterschichten stehen in markanten, z. T. krassen Gegensätzen nebeneinander.

Der Divergenz der Bildthemen entspricht die der Kunstformen. Die mächtig übersteigerten Körper und Köpfe der Götter und Herrscher haben kaum etwas mit dem schonungslosen Realismus der abgewrackten Fischer und trunksüchtigen Weiber gemein. Am großen Altar von Pergamon steht neben dem gewaltigen Pathos des Gigantenkampfes die episodische Erzählform des Telephos-Frieses; während der Göttermythos im reinen Nebeneinander der Kampfgruppen präsentiert ist, wird für den Heldenmythos eine zeitliche Sequenz entwickelt, die Szenen werden z. T. in landschaftlichem Ambiente entfaltet. Hinzu kommen auseinandergehende stilistische Tendenzen in verschiedenen kulturellen Zentren: in Alexandria ein differenzierter, verfeinerter Realismus, in Pergamon ein pathetischer ‹Barock›, in Griechenland stärkere Orientierung an klassischen Traditionen und so fort. Eine Folge dieser Heterogenität ist, dass in hellenistischer Zeit die Datierung von Bildwerken aufgrund der Stilformen weit weniger genau und sicher gelingt als in archaischer und klassischer Zeit.

Eine neue zentrale Rolle spielt die Evidenz der physischen Realität. Besonders im 3. und frühen 2. Jh. v. Chr. übertrafen die Bildhauer sich mit Stilformen, die die Vorgänge und Gestalten in nahsichtiger, ‹handgreiflicher› Präsenz und geradezu täuschender Lebendigkeit erscheinen ließen. Das Ziel war, ähnlich wie in gleichzeitigen literarischen Gattungen, eine Wirkung des unmittelbaren Erlebens. Werke wie die ‹Kauernde Aphrodite› oder die ‹Trunkene Alte› treten in eine direkte ‹physische› Interaktion mit dem Betrachter ein. Lebendige Anschaulichkeit (*enárgeia*) war ein zentraler Begriff dieser Kunst.

Damit war ein neues Verhältnis der Figuren zu ihrer ‹Umwelt› und allgemein zum Raum verbunden. Bildnisse Alexanders des Großen und späterer Herrscher wenden sich mit Blick und Haltung emphatisch in die Ferne; Gruppen wie der ‹Gallier und sein Weib› und Figuren wie der schlafende Satyr erstrecken sich frei im Raum; die Nike von Samothrake, Gestalten aus dem Kreis des Dionysos, wohl auch die mythologische Gruppe von Marsyas und dem Skythen waren in landschaftlichem Ambiente inszeniert; Figuren wie das Mädchen von Antium oder Gruppen von Ringern wurden zur ‹ambientalen› Charakterisierung von Lebensräumen aufgestellt.

Auch der Betrachter wird neu in diesen Raum einbezogen. Gruppen wie der ‹Gallier und sein Weib› oder die ringenden Athleten sind nur im Umschreiten erfahrbar: Bildwerk und Betrachter bewegen sich in demselben Raum. In der Malerei wird die Modellierung von Körpern durch Schattierung weiterentwickelt: Das Bild wird optisch auf das Auge des Betrachters bezogen. Auch dadurch wird die Wirkung überraschender Anschaulichkeit erzielt.

Die menschlichen Figuren entfalten sich in diesem Umraum mit neuer Dynamik. Aktionen, Gesten, Haltungen greifen aktiv in den Raum aus. Diese Räumlichkeit verbindet sich mit einer neuen Auffassung des Körpers, der nicht mehr wie in klassischer Zeit als geordnetes System seiner Teile und ihrer Bewegungen begriffen wird, sondern durch starke Muskelbildung als Träger von Aktivität und Energie dargestellt wird. Körper, Handlung und Raum haben im Hellenismus eine dynamische Qualität erhalten, die einer neuen Auffassung vom Menschen als Akteur Anschauung gibt. Komplementär dazu werden auch Passivität und Leiden in neuer Emphase zum Thema gemacht, etwa bei unterliegenden Feinden oder auch bei dem hingegossen schlafenden Satyr. Bewirken und Erleiden sind typische Dimensionen des hellenistischen Menschenbildes.

Sosehr allerdings diese Kunst vielfach auf unmittelbare und ‹spontane› Wahrnehmung von ‹Wirklichkeit› durch den Betrachter zielt, so raffiniert sind die künstlerischen Mittel, mit denen diese Effekte erzeugt werden. Kompositionen wie die ringenden Athleten oder die kauernde Aphrodite lenken den Blick des Betrachters mit einer Bewusstheit, die ein hochentwickeltes Künstlertum bezeugt. Entsprechend kann eine so ‹natürliche› Figur wie die elegant sitzende Stadtgöttin von Antiochia in allegorischer Weise mit dem Symbol des Berges und der Personifikation des Flusses der Stadt zu einer gedanklich fundierten

Komposition verbunden werden. Es war nie zweifelhaft, dass gerade die ‹natürlichsten› Bildwirkungen höchst artifizielle künstlerische Leistungen waren.

Rückwendung zur ‹Klassik›. Im Verlauf des späteren Hellenismus, seit der 1. Hälfte des 2. Jh. v. Chr., setzten in verschiedenen Teilen der griechischen Welt gegenläufige Tendenzen ein, die auf eine Rücknahme des pathetischen Realismus hinausliefen. Vor allem in den Porträts der Herrscher wie der Bürger wurde das hellenistische Pathos mehr und mehr gedämpft. Das muss wohl eine Veränderung der öffentlichen Verhaltensmuster anzeigen, in denen dynamische Aktivität hinter normierter Integration in die Gemeinschaft zurücktrat.

Vor allem bei Götterbildern orientierte man sich jetzt vielfach an ‹klassischen› Vorbildern des 5. und 4. Jh. v. Chr. Berühmt war der Bildhauer Damophon, der für Städte der Peloponnes kolossale Tempelkultbilder von ‹klassischer› Autorität schuf. Aber auch in Kleinasien und Syrien nahm man sich die Athena und den Zeus des Phidias zum Vorbild. Diese Rückwendung war wohl von einer allgemeinen Entwicklung der Mittelmeerwelt ausgelöst, in der überall die einheimischen Kräfte gegenüber der griechischen Dominanz an Einfluss gewannen und überdies mit Rom eine weitere Macht offensiv in die griechischen Verhältnisse eingriff. In dieser Situation lag es in den Zentren der griechischen Kultur offenbar nahe, sich auf die Grundlagen der eigenen Traditionen zu besinnen und damit die eigene Identität zu stärken.

Gleichzeitig begannen die Herrscher, berühmte Kunstwerke zu sammeln. Bereits um 400 v. Chr. hatte der makedonische König Archelaos IV. den Maler Zeuxis an seinen Hof geholt, um den Palast auszumalen. Ein Jahrhundert später ließ Ptolemaios I. Gemälde der bekannten Malerschule von Theben (Griechenland) nach Alexandria bringen, um die neue Hauptstadt als Zentrum der Kunst auszuschmücken. Im 2. Jh. trugen dann die Herrscher von Pergamon Skulpturen aus den von ihnen beherrschten Gebieten Griechenlands zusammen, die eine deutlich historische Sicht bezeugen: Werke berühmter Bildhauer wie Boupalos aus archaischer Zeit, Onatas, Kresilas und Silanion, wohl auch Myron und Praxiteles aus dem 5. und 4. Jh., Xenokrates aus dem beginnenden Hellenismus. An erhaltenen Postamenten verkünden Inschriften teils die großen Namen, teils die Herkunft der Stücke: Als Beute oder Tribut bezeugen sie Herrschaft, als Meisterwerke kulturellen Rang. Sie waren nicht in einem Museum für ‹Kunst› vereinigt, sondern waren im zentralen Heiligtum und im Palast aufgestellt, die dadurch die Autorität eines großen kulturellen Zentrums erhielten. Neu ist aber, dass in dieser künstlerischen Ausstattung nun die Dimension der Vergangenheit eine entscheidende Rolle spielte.

Noch im 2. Jh. begann man auch, klassische Bildwerke mehr oder minder genau zu kopieren. Offenbar gingen auch hier die Könige mit ihren Aufträgen voran; aber schon um 100 v. Chr. wurde auf Delos eine vorzügliche Kopie nach einem Meisterwerk des Polyklet für ein vornehmes Haus hergestellt (Abb. 74). Hier liegt der Beginn jener breiten reproduzierenden Aktivität, durch die der größte Teil der griechischen Bildkunst erhalten ist. Dem entspricht, dass auch die theoretische Kunstbetrachtung immer stärker historischen Charakter annahm. Man begann, die spezifischen Leistungen von Künstlern aus verschiedenen Epochen gegeneinander abzusetzen und miteinander zu vergleichen.

Das führte schließlich dazu, dass die Bildkünstler immer mehr eine ganze Palette von Stilformen beherrschten, die sie je nach dem betreffenden Thema einsetzten. Für die Bilderwelt altertümlicher Kulte konnten archaische Formen, für die Würde und Autorität der großen Götter die der ‹hohen› Klassik, für die glückselige Sinnlichkeit des Dionysos und der Aphrodite die der späten Klassik, für die derberen Gegenwelten der Giganten, Satyrn und Barbaren die des Hellenismus eingesetzt werden. Damit war eine höchst flexible Bildsprache entstanden, die zur Grundlage der Bildkultur des Römischen Reiches wurde.

Einführende Literatur

Die Forschung zur griechischen Kunst ist international. Für dieses Buch wurde die Auswahl weitestgehend auf deutschsprachige Literatur beschränkt.

B. Andreae, Schönheit des Realismus. Auftraggeber, Schöpfer, Betrachter hellenistischer Plastik, Mainz 1998.

C. Bérard/J.-P. Vernant (Hg.), Die Bilderwelt der Griechen. Schlüssel zu einer «fremden» Kultur, Mainz 1984.

J. Boardman, Schwarzfigurige Vasen aus Athen, Mainz 1977.

–, Griechische Plastik. Die archaische Zeit, Mainz 1981.

–, Rotfigurige Vasen aus Athen. Die archaische Zeit, Mainz 1981.

–, Griechische Plastik. Die klassische Zeit, Mainz 1987.

–, Rotfigurige Vasen aus Athen. Die klassische Zeit, Mainz 1991.

–, Griechische Plastik. Die spätklassische Zeit und die Plastik in Kolonien und Sammlungen, Mainz 1998.

P. C. Bol (Hg.), Die Geschichte der antiken Bildhauerkunst, Band I ff., Mainz 2002 ff.

A. H. Borbein (Hg.), Das alte Griechenland. Geschichte und Kultur der Hellenen, München 1995.

A. H. Borbein/T. Hölscher/P. Zanker (Hg.), Klassische Archäologie. Eine Einführung, Darmstadt/Berlin 2000.

K. M. D. Dunbabin, Mosaics of the Greek and Roman World, Cambridge 1999.

W. Fuchs/J. Floren, Die griechische Plastik I. Die geometrische und archaische Plastik. Handbuch der Archäologie, München 1987.

L. Giuliani, Bildnis und Botschaft. Hermeneutische Untersuchungen zur Bildniskunst der römischen Republik, Frankfurt a. M. 1986.

–, Bild und Mythos. Geschichte der Bilderzählung in der griechischen Kunst, München 2003.

N. Himmelmann, Über Bildende Kunst in der homerischen Gesellschaft, Mainz 1969.

T. Hölscher, Klassische Archäologie. Grundwissen, 2. Aufl., Stuttgart 2006.

H. Knell, Mythos und Polis. Bildprogramme griechischer Bauskulptur, 2. Aufl., Darmstadt 1998.

Chr. Kunze, Zum Greifen nah. Stilphänomene in der hellenistischen Skulptur und ihre inhaltliche Interpretation, München 2002.

Th. Mannack, Griechische Vasenmalerei. Eine Einführung, Darmstadt 2002.

W. Martini, Die archaische Plastik der Griechen, Darmstadt 1990.

R. Neer, Kunst und Archäologie der griechischen Welt, Darmstadt 2013.
J. J. Pollitt, Art in the Hellenistic Age, Cambridge 1986.
M. Robertson, A History of Greek Art, 2 Bde., London 1975.
C. Rolley, La Sculpture grecque, 2 Bde., Paris 1994/1999.
I. Scheibler, Griechische Malerei der Antike, München 1994.
–, Griechische Töpferkunst, 2. Aufl., München 1995.
B. Schmaltz, Griechische Grabreliefs, Darmstadt 1983.
E. Simon/M. Hirmer/A. Hirmer, Die griechischen Vasen, 2. Aufl., München 1981.
R. R. R. Smith, Hellenistic Sculpture, London 1991.
K. Stemmer (Hg.), Standorte. Kontext und Funktion antiker Skulptur. Ausstellung Berlin 1994/95, Berlin 1995.
A. Stewart, Greek Sculpture. An Exploration, 2 Bde., New Haven 1990.
–, Classical Greece and the Birth of Western Art, Cambridge 2008.
P. Zanker, Die Trunkene Alte. Das Lachen der Verhöhnten, Frankfurt a. M. 1989.
–, Die Maske des Sokrates, München 1995.
–, Eine Kunst für die Sinne. Zur hellenistischen Bilderwelt des Dionysos und der Aphrodite, Berlin 1998.

Die Betreuung des Bandes, mit wohltuender Strenge, durch die Lektorin Dr. Stefanie Hölscher hat das Schreiben zu einem unverhofften Vergnügen gemacht.

Bildnachweis

Berlin, bpk/Antikensammlung, SMB 3 (Ingrid Geske), 56 (Jürgen Liepe); bpk/Staatliche Kunstsammlungen Dresden 28 (Elke Estel/Hans-Peter Klut), 38 (Hans-Peter Klut/Elke Elstel); bpk/Alinari Archives 47 (Raffaello Bencini); bpk/Fratelli Alinari 66
Essen, Museum Folkwang 15
Karlsruhe, Badisches Landesmuseum 60 b
München, Kaufmann 41, 46
München, Antikensammlung 51, 70, 71
München, Hirmer Fotoarchiv 7, 10, 14, 32, 49, 52, 53, 57, 58, 69, 74
München, Stiftung Archäologie Farbtaf. 1,1

Alle weiteren Abbildungen stammen aus dem Fotoarchiv des Archäologischen Instituts, Heidelberg.

KUNSTEPOCHEN in C.H.Beck WISSEN

– jetzt vollständig –

Tonio Hölscher
Die griechische Kunst

Paul Zanker
Die römische Kunst

Johannes G. Deckers
Die frühchristliche und byzantinische Kunst

Bruno Reudenbach
Die Kunst des Mittelalters I. 800 bis 1200

Klaus Niehr
Die Kunst des Mittelalters II. 1200 bis 1500

Andreas Tönnesmann
Die Kunst der Renaissance

Dietrich Erben
Die Kunst des Barock

Andreas Beyer
Die Kunst des Klassizismus und der Romantik

Michael F. Zimmermann
Die Kunst des 19. Jahrhunderts. Realismus – Impressionismus – Symbolismus

Uwe M. Schneede
Die Kunst der Klassischen Moderne

Philip Ursprung
Die Kunst der Gegenwart. 1960 bis heute

Lorenz Korn
Geschichte der islamischen Kunst

Sämtliche Bände der Reihe sind auch als Kassette erhältlich:
Geschichte der Kunst in 12 Bänden
978 3 406 90250 5